なんで
中学生のときに
ちゃんと
学ばなかったん
だろう…

現代用語の基礎知識・編

おとなの楽習
21

古典のおさらい

自由国民社

装画・ささめやゆき

序章　古文と現代文はどう違うか

次の文章は平安時代(11世紀)に書かれた『源氏物語《げんじものがたり》』の一部です。まだ幼い紫《むらさき》の上《うえ》(後に光源氏《ひかるげんじ》の妻となる人)の様子を主人公の光源氏が小柴垣《こしばがき》の間から見ている場面です。現代の文章とどういうところが違うでしょうか?

原文

「雀《すずめ》の子を犬君《いぬき》が逃《のが》しつる。伏籠《ふせご》のうちに籠《こ》めたりつるものを」とて、いと口惜《くちを》しとおもへり。このゐたる大人《おとな》、「例のこころなしのかかるわざをして、さいなまるるこそ、いとこころづきなけれ。いづ方へかまかりぬる。いとをかしう、やうやうなりつるものを。烏《からす》などもこそ見つくれ」とて、立ちて行く。

現代語訳

(紫の上は)「雀の子を犬君が逃がしてしまったの。伏籠の中に入れておいたのに」と言って、大変残念に思っている。そばに座っている中年の女房《にょうぼう》が「いつもの不注意者がこのようなことをして責められるのは、まったく困ったことだ。(雀の子は)どこに行ってしまったのかしら。とてもかわいらしく、だんだんなってきたのに。烏などが見つけたら大変だわ」と言って、立って行く。

まず気が付くのは**仮名遣《かなづか》い**です。

現代文では「おもへり」「ゐたる」「をかしう」「やうやう」という書き方をしません。現代文は原則として発音通りに表記をするので、「おもえり」「いたる」「おかしゅう」「ようよう」と書きます。

ということは、平安時代は発音と表記（文字の表し方）が違っていたの？　どうしてそんな面倒なことをしたの？　という疑問が出てくるかもしれません。

しかし、事実はまったく逆なのです。

次の章で詳しく説明しますが、平安時代には「オモフェリ」「ウィタル」「ウォカシゥー」「ヤウヤウ」のように発音していたので、文字と発音は一致していました。ところが、時代が下るにしたがって発音の方だけがどんどん変化していったので、文字（表記）が化石のように残ってしまったのです。ですから、それをそのまま（平安時代当時の発音で）朗読すると現代では意味がわからなくなってしまうのです。そこで、発音は現代風にしているのです。

もし、タイムマシンに乗って『源氏物語』の書かれた時代に行き、この文章を今われわれが読むように朗読したら、すぐには理解してもらえないでしょう。

学校で学ぶ「古典」は発音やアクセントといったことはあまり重視せずに、文法や言葉の意味を中心にして、文学的な作品の内容を「鑑賞」するということになりますね。（しかし、それでは物足りないので、この本では昔の日本語の姿について少し掘り下げて述べています。）

次に気が付くのは何と言っても**言葉の意味の違い**です。

「意味の違い」と言ってもいくつか種類があります。

一つ目は、「逃《のが》しつる」→「逃《に》がしてしまったの」・「さいなまるるこそ、いとこころづきなけれ」→「責められるのは、まったく困ったことだ」・「烏などもこそ見つくれ」→「烏などが見つけたら大変だわ」などの部分です。これらは、単語の意味はだいたいわかるのに**言い回し（文法）が違うことで、内容がわかりにくくなっている**のです。そもそも、現代の日本語では「こそ……こころづきなけれ」や「もこそ」などという言い方はしません。また、「（雀の子は）」のように主語が省略されていたり、「と言って」というのを「とて」とだけ表現していたりするので、誰がどうしたという関係がわかりにくいという点もあるでしょう。

二つ目は、「例のこころなし」→「いつもの不注意者」・「いとこころづきなけれ」→「まったく困ったことだ」・「いづ方へかまかりぬる」→「どこに行ってしまったのかしら」のように**①現代では一般的に使わない言葉**と、「ゐたる」→「座っている」・「いとをかしう」→「とてもかわいらしく」の部分のように**②言葉はあっても意味が異なるもの、の二通りがあって、内容がわかりにくい**のです。

ここまでは、誰でも気が付くので、「古文の勉強は単語の意味と文法を覚えることだよね」と理解している人が多いのですが、実はそれだけで終わっているから古文の勉強がつまらなくなってしまうのです。

古文をおもしろく理解するための方法を前の例文でためしてみましょう。

「大人《おとな》」→「中年の女房《にょうぼう》」と訳していますが、「女房」は現代語の「結婚している相手の女性＝妻(ワイフ)」のことではありません。本来は宮中などに仕える女官《にょかん》の部屋のことです。そこから、一般的に身分の高い人に仕える女性のことを指したのです。

「大人」は、平安時代でも成人式を済ませた社会的に一人前と認められている人を指します。だから、「おとなし」は「大人びている＝落ち着いており、思慮分別がある」という意味になります。

この文章では、幼い紫《むらさき》の上《うえ》(というより紫の上を養っている尼《あま》)に仕えている女房たちの頭《かしら》であるような中年の女性のことを意味しているのです。また、「犬君《いぬき》」とはまだ大人になっていない幼い召使いの呼び名です。紫の上より少し年上で遊び相手のような関係なのでしょう。ちょうど母親に兄弟のいさかいを報告するような調子で訴えているのです。

ところで、それなら「男房」はあったのか？

あったんです。宮中に局《つぼね》（部屋）を与えられている男子のことを指しました。一般的には蔵人《くろうど》（天皇のそばに仕え、宮中の行事や他の役人との連絡に当たった人）などのことを男房《なんぼう》と言うのです。

また、「伏籠《ふせご》」とは伏せて上に衣服を掛けるための籠《かご》のことです。中で香《こう》をたき、その匂いを衣服にしみこませたり、中に火鉢を入れて衣服を乾かしたり、暖めたりしたものです。平安時代は貴族階級であっても毎日お風呂に入るわけではないので、体臭を消すためにも香を日常的に使っていたのです。どんな香りを付けるかでその人のセンスが決まるとも言えます。現代のフレグランスと同じですよね。そんな道具をここでは鳥籠の代わりに使っていたということになります。右のような形をしていました。

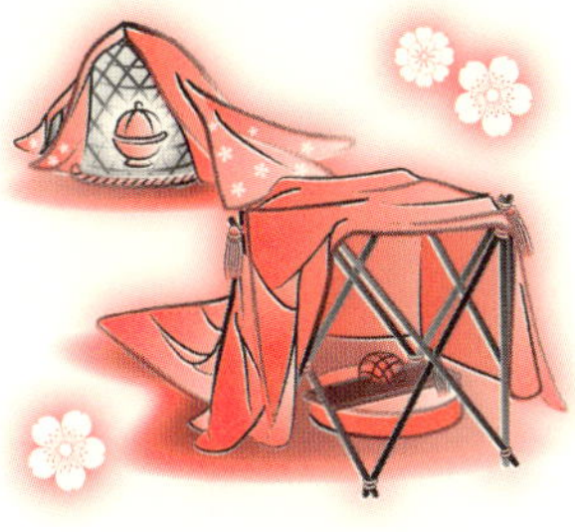

このように、**当時の生活や宮中での役職などに関する知識を持っていると、話の奥行きが深く理解できます。**

さらに、紫《むらさき》の上《うえ》が訴える会話文では「犬君《いぬき》が逃《のが》しつる」と「が」が使われているのに対して、女房《にょうぼう》の方は犬君のことを「こころなし」と表現して「例のこころなしのかかるわざをして」と「の」を使っているという違いに気付きましたか？　どちらの現代語訳も「が」となっているのですが、本当は微妙にニュアンスが違うのです。

主語を表すとき、「が」は主に固有名詞や代名詞に付くのに対して、「の」は名詞一般に付きその属性や性質を表すという違いがあります。したがって、「こころなし」は形容詞「こころなし」の名詞的な用法と考えて、「うっかりさんがこのようなことをしでかして」と解釈できるのです。一方、「犬君が逃しつる」は主語をはっきり示すことで非難を込めるニュアンスが生まれ、「犬君のやつめが逃がしてしまった」と解釈できます。

このように、**原文の表現にこだわることで、ふつうなら気が付かない微妙なニュアンスがわかってくるのです。**

ふつうの現代語訳なら何げなく通り過ぎてしまうところを、当時の社会や日本語表現についての確かな知識と想像力でどのように訳文に反映させていくかが、翻訳者の力なのです。『源氏物語』は多くの作家が翻訳しています。

この部分を手元にある本で比べて見ると次のようになりました。

瀬戸内寂聴訳《せとうちじゃくちょうやく》（講談社）

「雀《すずめ》の子を、犬君《いぬき》が逃がしてしまったの、伏籠《ふせご》の中にしっかり入れておいたのに」

と、女の子がさも口惜《くちお》しそうに言います。そこいた女房《にょうぼう》の一人が、

「またいつもの、ぼんやりさんがそんな失敗をしでかして、姫君に叱られるなんて、ほんとにしようのない子だこと。雀の子はどこへ飛んでいったのかしら、とても可愛《かわい》らしくなって、ようようなついておりましたのに、烏《からす》などに見つけられたら大変ですわ」

円地文子訳《えんちふみこやく》（新潮社）

「雀の子を、犬君が逃がしてしまったの。伏籠の中に入れておいたのに……」

と言って、いかにも口惜しそうである。

ここにいた女房の一人が、

「例の心なしが……またそんなことをして叱られるなんて、困りましたわね。一体どちらへ飛んで行ってしまいましたろう。だんだん馴《な》れて、大そう可愛くなっていましたのに……烏などに見つけられては大変ですわ」

円地文子訳（集英社）

「雀の子を犬君が逃がしてしまったの。せっかくあんなになれていたのに」

とほんとうにくやしそうにいう。見上げた顔が尼君と似通っているので、たぶん母子《おやこ》なのだろう、と源氏《げんじ》の君《きみ》はお思いになった。

「またあの心なしが……。お姫さまのお気に入らないことをして叱られている。烏にでもとられたらたいへんなのに」

どうでしょう。微妙に味わいが違いますね。どれか気に入った翻訳はありました？

「どうして昔の文章をそのまま読むのか？」「翻訳を読めば十分じゃないのか？」中学生のとき、私はそういう疑問を持ちました。

しかし、今は「翻訳で古典の作品を読むときにも、原文と照らし合わせて読む力があると、ずっとおもしろく読めるんだよ」と当時の自分にアドバイスしてやることができます。そう思いませんか？

もくじ

イラストレーション
椎原幸子（P.9, 89, 93, 98）

第1章
古文の基礎
Basic of Japanese classics

Ⅰ　歴史的仮名遣い

1　どうして「お」と「を」・「え」と「ゑ」・「い」と「ゐ」があるの？

いきなりの質問ですが、古文の「五十音図」を書けますか？次のようになっています。

	ワ行	ラ行	ヤ行	マ行	ハ行	ナ行	タ行	サ行	カ行	ア行	
ん	わ	ら	や	ま	は	な	た	さ	か	あ	ア段
	ゐ	り	い	み	ひ	に	ち	し	き	い	イ段
	う	る	ゆ	む	ふ	ぬ	つ	す	く	う	ウ段
	ゑ	れ	え	め	へ	ね	て	せ	け	え	エ段
	を	ろ	よ	も	ほ	の	と	そ	こ	お	オ段
ン	ワ	ラ	ヤ	マ	ハ	ナ	タ	サ	カ	ア	
	ヰ	リ	イ	ミ	ヒ	ニ	チ	シ	キ	イ	
	ウ	ル	ユ	ム	フ	ヌ	ツ	ス	ク	ウ	
	ヱ	レ	エ	メ	ヘ	ネ	テ	セ	ケ	エ	
	ヲ	ロ	ヨ	モ	ホ	ノ	ト	ソ	コ	オ	

※縦の列「あいうえお」「かきくけこ」などを「**行**」と言います。

※横の列「あかさたなはまやらわ」「いきしちにひみいりゐ」などを「**段**」と言います。

これをよ～く見ていると、「少し変だぞ」と思うところがありますよね。

① 「い」と「え」がア行とヤ行に同時に出てくる。
② 「う」がア行とワ行に同時に出てくる。
③ ワ行に「ゐ(ヰ)」と「ゑ(ヱ)」という見慣れない文字がある。
④ 「五十音図」と言いながら「ん」を入れると五十一音ある。

以下で、その理由を簡単に説明しましょう。

①・②について

実は、五十音図は「五音《ごいん》」あるいは「五音図《ごいんず》」と呼ばれて、行という一まとまりで理解されていました。また「五音」はひらがなではなくカタカナで書かれていました。（カタカナは学僧たちが漢文の訓読〈中国語を日本語として読むこと〉の講義の内容をメモのように記すためのものが起源ですから、日本語の音を漢字音を参考にして体系的に示そうとすれば、ひらがなより学問的な意味合いのあるカタカナを使うことになったと思われます。）

五十音図をひらがなでも表し、仮名文字の一覧表として一般化したのは明治の公教育の改革以後のことです。それまでは文字の一覧表としては「いろは歌」が使われていました。したがって、辞書も江戸時代までは「いろは順」で編集されるものがほとんどでした。

そこで、**いまの問いを「イ」「エ」がア行とヤ行、「ウ」がア行とワ行にあるのはどうしてか？　とカタカナに置き換え、そのうえで解説することにします。**

答えはずばり、**ア行の「イ」「エ」とヤ行の「イ」「エ」、ア行の「ウ」とワ行の「ウ」は同じ音だから**です。同じ音だから同じ文字を使っているということです。

すると、「どうして同じ音（文字）を一覧表に入れるのか？50音から３音引いた47音図でもよかったのではないか？」という疑問が出てきます。47音ならば、いろは歌と同じ音数となります。

これにたいしても、ずばり「そのような（同じ音を除いた）音図が作られていました」と答えることができます。

仁和寺《にんなじ》の寛智《かんち》が著した『悉曇要集記《しったんようじゅうき》』（1075年成立）の音図には次のようにヤ行の「イ」「エ」、ワ行の「ウ」がないばかりか、「ヲ」もありません。したがって46音で構成されています。

同韻者
アカサタナハマヤラワ一韻
イキシチニヒミリヰ一韻
ウクスツヌフムユル一韻
オコソトノホモヨロ一韻
エケセテネヘメレヱ一韻

これは「同韻」とあることから、「行」ではなく今でいう「母音」が同じ音をまとめたもの(段)と言えそうですが、ここから以下のことがわかります。

ア行の「イ」「エ」とヤ行の「イ」「エ」、ア行の「ウ」「オ」とワ行の「ウ」「ヲ」はこの時代では同じ音と理解されていたのでこの表には一回しか載せられていない。しかし逆に言えば、ア行・ヤ行の「イ」「エ」とワ行の「ヰ」「ヱ」は別の音だったのでそれぞれ載せられている、と考えればいいでしょう。

一方、現在の五十音図の配列に近い配列の表は薬王院温泉寺《やくおういんおんせんじ》の明覚《みょうがく》(「めいかく」とも)の書いた『反音作法《はんおんさほう》』(1093年成立)が始まりだと言われています。それは次のようになっています。

アイウエオ／カキクケコ
ヤイユエヨ／サシスセソ
タチツテト／ナニヌネノ
ラリルレロ／ハヒフヘホ
マミムメモ／ワヰウヱヲ

ヤ行とハ行の位置が現在のものと少し違いますが、5×10の50の音が示されています。しかし、同じ音であったはずの「イ」「エ」「ウ」「ヲ」が重複して載せられています。

ここで明覚は「アイウエオ」の五文字はすべての文字に共通する音の響きで、「ア」の字は「ハカヤサ」などの響きであり、「イ」の文字は「キシチニ」などの響き、「ウ」文字は「クスユなど」、

「エ」文字は「ケセメ」など、「オ」文字は「コヨソ」などと同じ響きであるというのです。つまり、「アイウエオ」の行は他の行に共通する響きを表すための別格の行であると考えることができるのです。

したがって、五十音図に「イ」「エ」がア行とヤ行、「ウ」がア行とワ行にあるのは、**ヤ行とワ行にア行と重複する音の文字が入ることは分かっていたけれど、それよりも日本語の発音を5音×10行の体系で示したかったから**ではないでしょうか。つまり、「五十音図」が初めにありき、なのです。「四七音図」では困るのです。

③について

「ゐ（ヰ）」は【wi】、「ゑ（ヱ）」は【we】と発音していていました。**ア行やヤ行の「イ」は【ｉ】**（前述したように同じ音です）、**「エ」は【je】**（ア行は【ｅ】、ヤ行は【je】と違う音でしたが五十音図が作られる少し前の10世紀後半には【je】に統一されていました）**と発音していたので、発音が違いました。発音が違えば、それを表す文字も違っていたということです。**（「イ・ヰ」と「エ・ヱ」の混同が一般化するのは12世紀に入って鎌倉時代以降のことです。）

そうすると**「お（オ）」と「を（ヲ）」の文字が別にあるのだから、これらの音を区別していたと考えてもいいでしょう。**たしかに平安時代初期までは「オ」【ｏ】と「ヲ」【wo】という区別があったのでその頃に成立した五十音図には「オ」と「ヲ」が区別されていました。ところが中期以降は混同がおこり、11世紀末には【wo】の音に統一されてしまいました。そのためア行の「オ」もワ行の「ヲ」も「汙」という文字で表した音図やア行・ワ行とも「ヲ」と記した音図が出てきます。さらに前述したようには「ヲ」の文字が含まれていない五十音図も存在します。つまり、現在の「オ」と「ヲ」の文字の区別は平安時代中期までの音の区別を反映していますが、その後の統一された音を反映していないということになります。

ちなみに、「いろは歌」には「お」と「を」の文字の違いがあるのでこの音の区別があった頃に成立したものであることがわかります。したがって「おんな」（老女）と「をんな」（成人した女性一般）、「をみな」（未婚の若い女性）といった文字遣いの違いが発音の違いを教えてくれます。

④について

もともと「ン」という発音は古代の日本語にもあったのですが、それを文字として表わすことはなかったのです。もし、どうしても、その音を表す必要があるときには便宜的に「く」とか「∠」とかの撥《は》ねることをあらわすチェックの符合で「ン」の音を表していました。（ひらがなの「ん」は「无」という文字から作られました。）

古文でも「あなり」「なめり」と書かれていても、それぞれ「あンなり」「なンめり」と声に出して読むことになっています。ところが平安時代の末期になって、撥音便《はつおんびん》(はねる音のこと。「飛んだ」や「噛んだ」と言う時の「ン」の音)が話し言葉のなかに盛んに出てくるようになり、その音を表す文字として「ん(ン)」が固定したのです。

つまり、**「五十音図」が作られた頃には日本語の音として捉えられておらず、表記も揺れていたので、「ん(ン)」は一覧表には入っていないのです。**ちなみに、「いろは歌」にも「ん」は入っていません。

どうしてこんなことにこだわって説明するのだろうと、疑問をお持ちの方もいるかもしれません。

それは、**五十音図がしっかり頭に入っていないと動詞、形容詞、形容動詞、助動詞の活用がしっかりと理解できなくなってしまうからです。**

江戸時代の後期に日本語の研究が盛んになり、五十音図を基礎に用言の活用の種類、助動詞の活用の在り方が明らかにされました(『詞《ことばの》八《や》衢《ちまた》』本居春庭《もとおりはるにわ》著などの仕事)。その考え方が現在の日本の文法理論に引き継がれています。

ヤ行は「や・ゆ・よ(ヤ・ユ・ヨ)」ではなく、
「や・い・ゆ・え・よ(ヤ・イ・ユ・エ・ヨ)」！

ワ行は「わ・ゐ・ゑ・を(ワ・ヰ・ヱ・ヲ)」ではなく、
「わ・ゐ・う・ゑ・を(ワ・ヰ・ウ・ヱ・ヲ)」！

2 「いろは歌」と「五十音図(あいうえお)」はどっちが先にできた？

「いろは歌」は47の仮名を一回ずつ使った七五調の歌で、以下のようになっています。きちんと、最後まで自信をもって書けますか？

歴史的仮名遣いの本文	現代語での読み方
色《いろ》は匂《にほ》へど	いろはにほえど
散《ち》りぬるを	ちりぬるを
我《わ》が世《よ》誰《たれ》ぞ	わがよたれぞ
常《つね》ならむ	つねならむ
有《う》為《ゐ》の奥山《おくやま》	ういのおくやま
今日《けふ》越《こ》えて	きょうこえて
浅《あさ》き夢《ゆめ》見《み》じ	あさきゆめみじ
酔《ゑ》ひもせず	えいもせず

※「ん」は「いろは歌」には入っていません。

歌の解釈

最初の「色は匂へど散りぬるを」の「匂ふ」は視覚的に美しく人目に立つことの意味で現代語の嗅覚的な意味はありません。したがって、**「花の色は鮮やかに映えるけれども、(いずれは)散ってしまうものなのに」**という意味になります。次の「我が世誰ぞ常ならむ」は「誰ぞ～む」は反語表現で、「誰が～であろうか、そうではない」の意味ですから、**「私の生きているこの世で誰がいったい変わらずにいられようか、誰でも変わっていくものだ」**となります。この後の部分が実はよくわからないのですが、「有為の奥山今日越えて」の「有為の奥山」とはそのような山があるのではなく、仏教的世界観に基づくもので、「さまざまな因縁によって生じたこの世のきずなを断ちきるのが容易ではない」という意味(小松秀雄『いろは歌』講談社学術文庫)とされています。すると**「断ち切りがたいさまざまな因縁で満たされたこの世を今日も越えていく(=生きていく)人生」**という意味になります。最後の「浅き夢見じ、酔ひもせず」は倒置表現で、本来は「酔ひもせず、浅き夢見じ」なのでしょうが、そのまま訳すと**「はかない夢など見るまい、酔っているわけでもないのに」**となります。「見じ」の「じ」は助動詞で「〜するつもりはない」という〈打ち消しの意志〉の意味があります。また「酔ひ」は現代仮名遣いでは「よい」ですが、古文では「ヨイ」と発音しません。「ゑひ」と表記されている通り「エヒ(wyehi)」と平安時代には発音していたので、「いろは歌」ではそのように読むことになっています。

仏教的無常観が述べられているので、空海《くうかい》(弘法大師《こうぼうだいし》)が作ったものだとか、7音で切ってそれぞれの語句の末尾だけを読むと「いろはにほへ[と]ちりぬるをわ[か]よたれそつね[な]らむうゐのお[く]やまけふこえ[て]あさきゆめみ[し]ゑひもせ[す]」となり「とがなくてしす(罪《とが》なくて死す)」の暗号が秘められているとか、さまざまな話が伝わっています。しかし、「いろは歌」を記した現存する最古の資料は『金光明最勝王経音義《こんこうみょうさいしょうおうぎょうおんぎ》』(1079年書写)というお経の注釈書のなかにあることから成立時期は11世紀中頃もしくは前半ではないかとされています。暗号はともかく、どうやら空海(774年～835年)の作というのは疑わしいようです。

実は同じ『金光明最勝王経音義』の中にも

ハヘホフヒ／タテトツチ／カケコクキ／サセソスシ／已上清濁不定也（以上の音は清音でも濁音でも読む）
ラレロルリ／ナネノヌニ／マメモムミ／アエオウイ／ワヱヲウヰ／ヤエヨユイ／已上清濁不替也（以上の音は清音でしか読まない）

というように清濁の区別をつけた「五十音図」が記されているのですが、段や行の順序が今の形でとは違っています。「五十音図」の現存する最古の資料は『孔雀経音義《くじゃくきょうおんぎ》』（1004～1028年頃成立）なのですが、他の文献にある「五十音図」もこのように文字の配列が定まりません。現行のように固定するのは段の「アイウエオ」順が12世紀の初め頃、行の「アカサタナハマヤラワ」順は13世紀から多くなり、今の配列として安定したのは17世紀に入ってからです。

したがって、**「いろは歌」の方が「五十音図」より成立が早い**ということになります。

「いろは歌」はひらがな、「五十音図」はカタカナで表記するのが基本でした。また、「いろは歌」は明治になるまで辞書などの語句の索引、子どもたちの手《て》習歌《ならいうた》(習字や文字を習うときのもの)として、「五十音図」よりも親しまれてきました。そのときには最後に「ん」をつけて使用しました。

おまけ

「あめ　つち　ほし　そら　やま　かは　みね　たに　くも　きり　むろ　こけ　ひと　いぬ　うへ　すゑ　ゆわ　さる　おふせよ　えのえを　なれゐて」という歌もありました。意味は「天地星空山川峰谷雲霧室苔人犬上末硫《ゆ》黄《わ》猿生《お》ふ為《せ》よ榎《え》の枝《え》を馴《な》れ居《ゐ》て(汝《なれ》井《ゐ》手《て》という説もあります)」です。また、この歌には「えのえ」というように「え」が二回出てくることから、五十音図のところで説明をしたア行の「エ」とヤ行の「エ」の発音上の区別があった時代に作られたと考えられ、「いろは歌」より古いと考えられています。

3 古代の「母」はパパだった！

室町時代のなぞなぞに「ははには二たひあひたれとも、ちちには一たひもあはす（母には二度会うけれど、父には一度も会わない）」というのがあります。これは何でしょう？

答えは「唇《くちびる》」。どういうことかというと、この時代には「ハハ」という発音をロウソクの火を消すときの唇の形で「ファ」（両唇摩擦音）と発音していたため、「唇が二度出会う」というのが答えとして成立したのです。ですから「ハヒフヘホ」は「ファ・フィ・フゥ・フェ・フォ」と発音されていました。ところが、もっと時代をさかのぼって奈良時代になると「パ・ピ・プ・ペ・ポ」（両唇破裂音）と発音していたのです。その証拠に『古今和歌集』（905年成立）にウグイスの鳴き声を「ひとくひとく」と表記した歌があります。これをそのまま「ヒトクヒトク」と読んだのでは「ホーホケキョ」と（現代では）鳴くことになっている声とまったく一致しません。そこで「ピートクピートク（pitoku pitoku）」と読んでいたのであろうと解釈できるのです。また琉球《りゅうきゅう》方言の中には「はな（花）」を「パナ（pana）」と発音する例が残されているそうです。

このようなことから、奈良時代をさかのぼった時代には「母」は「パパ」と発音していたというのは間違いありません。

ということは……「日本」というのも「ニホン」ではなく「ニポン」が古来の読み方ということになりますね。「日」という漢字は、呉音では「ニチ」、漢音では「ジツ」と読むので、「ニポン」だけでなく「ジポン」とも読まれていました。奈良時代には促音(小さな「ッ」の音)はありませんでした。

※呉音＝５、６世紀頃までに朝鮮半島経由で伝わった南北朝時代の呉の地方(長江下流域)の音。仏典の読みに多い。(東京《きょう》・行《ぎょう》列・頭《ず》痛)
※漢音＝隋・唐(６世紀～９世紀)になって、都が長安・洛陽に移ってから伝えられた長安・洛陽地方の音。(京《けい》浜・孝行《こう》・頭《とう》髪)

4 古文の現代語での読み方は？

こんなお話ばかりしていると、「いったい古文は現代の発音でどう読めばいいのか？」と不安になるかもしれません。しかし、そもそも古文と言っても奈良時代から江戸時代まであるので、発音も時代によって変化しています。それを、その当時の発音そのままに読むことは、専門家は別として一般の人には無理です。そこで、当時の発音とは別に「古文の読み方」という特別な「読み方」があると考えてください。ですから、**一般に世の中で読まれている古文の朗読は現代語的な「古文の読み方」**なのです。

歴史的仮名遣いは次の六つの規則を覚えれば大丈夫

① 語頭と助詞以外の「は・ひ・ふ・へ・ほ」は「わ・い・う・え・お」と読む。

例　「あはれ」→「あわれ」　「にほひ(匂ひ)」→「におい」

「いふ(言ふ)」→「いう」　「ここのへ(九重)」→「ここのえ」

「こほり(氷)」→「こおり」

※複合語の場合は語の頭になくてもそのまま「は・ひ・ふ・へ・ほ」と読む。

例　「はつはる(初春)」→○「はつはる」×「はつわる」

「あさひ(朝日)」→○「あさひ」×「あさい」

※法則から外れる例外もある

例　「はなはだ」→○「はなはだ」×「はなわだ」

②　母音が「au／iu／eu／ou」と連続するときは「ô(オー)／yū(ユー)／yô(ヨー)／ô(オー)」と読む。

例　まうす(申す)→もうす　　れうり(料理)→りょうり

mausu→môsu　　reuri→ryôri

③　①の規則→②の規則のように二段階で読むことがある。

例　①「いき(行き)かふ」→「いき(行き)かう」

↓

②「いきかう(iki kau)」→「いきこう(iki kô)」

①「けふ(今日)」→「けう」

↓

②「けう(keu)」→「きょう(kyô)」

④　「くわ・ぐわ」は「か・が」と読む。

例　「くわじ(火事)」→「かじ」

「きぐわん(祈願)」→「きがん」

⑤　**ワ行の「ゐ・ゑ・を」は「い・え・お」と読む。**

例　「ゐなか(田舎)」　→「いなか」
「うゑる(植ゑる)」→「うえる」
「をかし」　→「おかし」

⑥　**助詞の「なむ」、助動詞の「む」「むず」「けむ」「らむ」の「む」は「ん」と読む。**

例　「いざ行かむ」→「いざいかん」
「花咲くらむ」→「花咲くらん」

※理屈ではこのようになっていますが、ある程度古文に慣れてくれば自然に読めるものです。

さて、それでは少し練習をしてみましょう。次の言葉を声に出して読んでみてください。

(1)　**やうやう白くなりゆく**(しだいに白くなっていく)
(2)　**くわんぜおんぼさつ**(勧世音菩薩)
(3)　**登るべきやうなし**(登る手段がない)
(4)　**わたらむとす**(行こうとする)
(5)　**にほふ**(鮮やかに見える)
(6)　**きふのことなれば**(突然のことなので)
(7)　**おぼえたまふ**(お思いになられる)
(8)　**てふてふ**(ひらひらと蜜から蜜に飛ぶ昆虫)

答え

(1)　ようようしろくなりゆく
(2)　かんぜおんぼさつ
(3)　のぼるべきようなし
(4)　わたらんとす
(5)　におう
(6)　きゅうのことなれば
(7)　おぼえたまう（おぼえたもう）
(8)　ちょうちょう

Ⅱ　古文単語

現代語と古語とでは、同じ言葉でも意味が違う場合が多くあります。そこで、古語を現代語のように理解して読んでしまうと、とんだ間違いを犯すことになりかねません。ここでは、とくにそのような古語をとりあげて、現代語との違いや原義(もともとの意味)の説明がしてあります。楽しみながら読んでください。

1　重要単語25

単　語	意　味	説　明
ありく(動詞)	あちらこちら動きまわる	乗り物で動き回ること。現代語の「歩く」は「あゆむ」。
おぼゆ(動詞)	思われる／感じられる	「自然に思ってしまう」というニュアンス。
ののしる(動詞)	大声をあげて騒ぐ／評判になる	「大きな音や声を立てる」が原義。現代語の「悪口を言う」は中世以降の用法。

おどろく(動詞)	はっとして気付く／目が覚める	「おどろ」は何か刺激的な物音や出来事に出合って「はっ」とする様子の擬態語。
あふ(動詞)	一緒になる／結婚する	二つのものが一体になることが原義。男と女が一体化すれば「結婚」。
ときめく(動詞)	時流に乗って栄える／寵愛《ちょうあい》を受ける(帝《みかど》から特に愛される)	「時」の動詞をつくる接尾語「…めく」(例「春めく」)が付いて「時代の流れに合った」というのが原義。帝から寵愛されれば、その女の一族は栄えることになる。
あやし(形容詞)	奇妙だ／身分が低い／粗末だ	貴族の目線から、身分の低い者たちは「粗末」で「変だ」というのが原義。
ありがたし(形容詞)	めったにない	「有り難し＝存在することが困難だ」が原義。現代語の感謝の意味はめったにないことを尊ぶところから生まれた近世以降の用法。
うつくし(形容詞)	いとしい／かわいらしい	小さなもの、弱い者、幼い者を慈《いつくし》む愛情が原義。現代語の「美《うつく》しい」は愛すべきものという意味から広がった。

さうざうし（形容詞）	物足りない	「さくさくし」というもの寂しさを表す言葉のウ音便形。現代語の「そうぞうしい」とはまったく異なる。
をかし（形容詞）	趣がある／美しい／すばらしい	好奇心や興味をひかれるものの様子。晴れやかな感興を表す。「おもしろ（面白）し」とほぼ同義。「面白し」は目の前がぱっと明るくなるような視覚的な美を表す。
いみじ（形容詞）	とても…（だ）／すばらしい／ひどい	程度がはなはだしいことを表す。良い、悪い両方の意味になる。
はづかし（形容詞）	気が引ける／立派だ	自分が相手には及ばないという引け目の気持ちが原義。そこから、引け目を感じる人＝すぐれた人・身分の高い人の意味になる。「恥ずかしい」とは異なる。
あはれなり（形容動詞）	しみじみとした趣がある	感動詞「あ〜！」「は〜！」からできた言葉。心から感動した様子を表す。喜怒哀楽、すべての感情表現に使う。「をかし」は理性的、「あはれ」は情緒的な点が違う。

あからさまなり（形容動詞）	ついちょっと／かりに	「もといるところからちょっと離れて」が原義。「かりそめ」のこと。現代語の「あからさま」は「ありのまま」という意味。
いかに（副詞）	①どのように ②なぜ／どうして ③どんなにか ④どんなに ⑤何とまあ	①は状態を問う疑問詞、②は原因・理由を問う疑問詞、③は程度や様子を推量する疑問詞、④は仮定逆接の意味、⑤は詠嘆の意味。これらの意味を文脈からとらえられるようになれば、相当な実力。
なかなか（副詞）	かえって／むしろ	「なかなかなり」（中途半端だ）の語幹が原義。現代語の「なかなか（予想以上）」とはまったく意味が異なる。
やがて（副詞）	そのまま／すぐに	状態を表す「そのまま」が原義。ここから時間的に差がない「すぐに」の意味になった。現代語の「やがて（まもなく）」とはまったく意味が異なる。

あそび(名詞)	詩歌《しいか》を作ること／管弦を楽しむこと	現代語の「遊び」の意味ではなく、詩＝漢詩・歌＝和歌のこと。また管弦とは笛や琴などのこと。
やま(名詞)	比叡山延暦寺《ひえいざんえんりゃくじ》	比叡山にあることからこのように言う。また「てら」は三井寺《みいでら》(園城寺《おんじょうじ》)のこと。
まつり(名詞)	賀茂《かも》神社の葵祭《あおいまつり》	陰暦4月に行われる祭り。『源氏物語』ではこの祭りの日に重要な事件が起きる。
めのと(名詞)	乳母《うば》	貴人は自分で子を育てず、乳の出る女に預けて育てさせた。乳母子(めのとご)は乳母の実の子。一緒に育つので後に信頼できる家来となる。
ふみ(名詞)	文字／漢詩／学問／書籍	中国から伝わってきた漢字で書かれたものを指す。「をとこ手(＝漢字)」、「をんな手(＝ひらがな)」という区別もある。
つきかげ(名詞)	月の姿／月の光	「かげ」には「輝くもの」と「形となって見えるもの」の意味がある。現代語の「かげ」のように「シャドウ」の意味はない。

おほやけ(名詞)	朝廷／天皇・皇后・中宮／皇居	漢字では「公」。「大宅(おほやけ)＝大きな建物」が原義。「私(わたくし)」は一人称ではなく、朝廷とは無関係な個人的なことを指す。

2　上級レベル単語33

単　語	意　味	説　明
にほふ(動詞)	色が鮮やかに輝く	「に」は「丹」で赤色。「ほ」は「穂・秀」で外に現れる意味。それに「ふ」が付き動詞になった。
わづらふ(動詞)	困る	心身とも思うようにならないというのが原義。
まもる(動詞)	じっと見つめる	目を意味する「ま」に「守《も》る」が付いて、「目を離さずにいること」が原義。
あたらし(形容詞)	惜しい・もったいない	現代語の「新しい」は古語では「あらたし」。
いとほし(形容詞)	気の毒だ	弱いものを見て目をそむけたくなる気持ちが原義。

うるはし（形容詞）	きちんと整っている	光沢のある冷たい感じの美しさが原義。
まめまめし（形容詞）	実直だ／本格的だ	外見に伴う内容があること。「あだなり」は逆に不誠実なこと。
ゆくりなし（形容詞）	思いがけない／突然だ	思いがけないという意味の「ゆくり」に接尾語「なし」が付いて、相手に気兼ねせず、いきなりことをするのが原義。
をこがまし（形容詞）	愚かなさまだ	「をこ」とは愚かなこと。現代語の「さしでがましい」の意味は江戸時代以降。
うし（形容詞）	つらい／せつない	「憂し」と書く。
いたづらなり（形容動詞）	無駄だ	「徒らなり」と書く。期待に反して何の役にも立たないが原義。
つれづれなり（形容動詞）	することがなくて退屈だ	「徒然なり」と書く。「連れ連れ」とある状態が長々と連続するさまが原義。
なのめなり（形容動詞）	いいかげんだ／平凡だ	「斜めなり」と書く。水平でも垂直でもないどっちつかずの様子が原義。

うつつ(名詞)	現実／正気	「ゆめ」の対義語。現代語でも「夢か現《うつつ》か」と言う。
よのなか(名詞)	男女の仲／世間	平安時代の貴族の女性たちにとって「世の中」とは男女の関係のことにほかならない。
すなはち(副詞)	すぐに	漢文でも「即(すなは)ち」と書き同意。「即席」の「即」。
としごろ(副詞)	長年の間	「年頃」と書く。現代語の「『年頃』の娘」の「適齢期」の意味はない。
かしづく(動詞)	大切に育てる	「親や乳母《めのと》などが幼い人を大切に守り育てる」が原義。
あらまほし(形容詞)	理想的だ	「あり」に「ま欲《ほ》し」が付き、「そうあってほしい」。
おどろおどろし(形容詞)	おおげさだ	「周りの耳目を驚かせるような異様な状態」が原義。現代語では「おそろしい」の意味となっており、異なる。
ところせし(形容詞)	狭い／気詰まりだ／いばっている	「所狭し」と書く。空間的・心理的に狭いことが原義
めやすし(形容詞)	見た目の感じがいい	「目安し」と書く。目が安らかなことが原義。

ものぐるほし（形容詞）	正気を失っているようだ	「物狂ほし」と書く。自分の感情や気持ちが抑えられない状態。
すずろなり（形容動詞）	なんとなく…（だ）	「漫ろなり」と書く。無意識のうちに何かをしたり、物事が進行する様子。
あさましくなる（連語）	死ぬ	他にも「いたづらになる」「はかなくなる」という言い方がある。
名にし負ふ（連語）	有名だ	「名」を持っているというのが原義。
あやめもしらず（連語）	ものの判別がつかない	「あやめ（文目）」は色合い・物の道理のこと。「あやめもわかず」とも言う。
えさらず（連語）	避けることができない	「え…ず」で「…できない」の意味。「さる」は避けるの意味。
われにもあらず（連語）	何かわからない／本心ではない	「我」でないという意味。アイデンティティーの喪失状態。
さてもありぬべし（連語）	そのままでよい	副詞「さて」（そのまま）＋動詞「ある」＋強意の「ぬ」＋当然の「べし」が合体。

さらぬわかれ（連語）	死別	「さる（避ける）」ことができない別れのこと。
とまれかくまれ（連語）	ともかくも／なにはともあれ	「ともあれかくもあれ」の省略形。
いはむかたなし（連語）	言いようがない	「言はん方なし」。良い意味でも悪い意味でも使う。

3　敬語動詞（敬語補助動詞）15

「**尊敬語**」＝相手を直接敬う言い方

「**謙譲語**《けんじょう》」＝自分がへりくだることで、相手を高める言い方

「**丁寧語**《ていねい》」＝丁寧な気持ちを表す言い方

「**補助動詞**」＝動詞の後に付いて意味を補う働きをする動詞

単　語	意　味	説　明
おはす（御座す）	①いらっしゃる ②…でいらっしゃる〈補助動詞〉	「あり」「行く」「来（く）」の尊敬語。
おぼす（思す）	お思いになる	「思う」の尊敬語。
のたまふ（宣ふ）	おっしゃる	「言う」の尊敬語。
あそばす（遊ばす）	①音楽・詩歌《しいか》をなさる	貴人の行為一般に対する尊敬語。現代語でも見る行為

	②(何事かを)なさる	を「ご覧あそばす」などと表現する。
おほとのごもる(大殿籠る)	寝所《しんじょ》でお休みになる(寝ていらっしゃる)	「寝る」の尊敬語。「おほとの」は宮殿のこと。ここに籠《こも》るから「眠る」の意味。
きこしめす(聞こし召す)	①お聞きになる ②お治めなさる ③召しあがる	①は「聞く」の尊敬語。②は「治める」の尊敬語。③は「食べる・飲む」の尊敬語。
たまふ(賜ふ/給ふ)	①お与えになる ②…なさる〈補助動詞〉 ③…(拝見・お聞き)いたします〈補助動詞〉	①は「与える」の尊敬語。③は「見る・聞く・思う・知る」だけに付き、会話文のなかで使われる謙譲語。
きこゆ(聞こゆ)	①申しあげる ②…申しあげる〈補助動詞〉	①は「言う」の謙譲語。
たまはる(賜はる/給はる)	①いただく ②…していただく〈補助動詞〉	「受ける」の謙譲語。「たまふ」と主体が逆になっている動作。
さぶらふ(候ふ)	①お仕え申しあげる　②います ③…ます/です〈補助動詞〉	①は「ある」の謙譲語。②は「ある」の丁寧語。時代劇の中で出てくる「…でそうろう」は③の意味。

つかまつる（仕る）	①お仕え申しあげる　②…してさしあげる　③…し申しあげる〈補助動詞〉	「つかへまつる」の音便形。①は「仕える」の謙譲語②は「する」の謙譲語。
はべり（侍り）	①お仕え申しあげる　②います　③…ます／です〈補助動詞〉	「侍《さむらい》」は①の意味をもつ「さぶらふ」（前出）の連用形「さぶらひ」が名詞として使われ、それが「さむらひ」と転じ、この漢字があてられた。
たてまつる（奉る）	①差しあげる　②召しあがる／お乗りになる／着物をお召しになる　③…申し上げる〈補助動詞〉	①は「与える」の謙譲語。②は「飲む・食べる・乗る・着る」の尊敬語。「奉納」という言葉は①の意味から。
まゐる（参る）	①参上する　②差しあげる　③…して差しあげる〈補助動詞〉　④召しあがる	①は「行く・来る」の謙譲語。②は「する」の謙譲語。④は「飲む・食べる」の尊敬語。「参拝」という言葉は①の意味から。
まかる（罷る）	①（貴人の前から）退出する　②…いたす	①は「退く・去る」の謙譲語。「みまかる＝（死ぬ）」という使い方もある。

Ⅲ　古典文法

現代語と比べると文語文法(古文をつくる言葉の規則)には
① 動詞の活用の種類が多い。
② 助動詞・助詞に現代語にないものがある。
③「係り結び」や副詞の呼応などのきまりがある。
④ 語句の省略が多い。
といった違いがあります。

文法は細かな規則や例外を説明するとかえってわからなくなり、古文が嫌いになる最大の原因にもなっています。そこで、ここでは古文解釈のときに説明の内容がわかる程度の大まかな説明にとどめておきます。

1　動詞の活用

活用形

文語の活用形は「未然形・連用形・終止形・連体形・已然《いぜん》形・命令形」の六つです。口語文法では**「仮定形」にあたるものが文語では「已然形」**となっています。「已然」という言葉の意味は**「すでにそうなった」**という意味ですが、文中では必ずしもその意味だけで使われるわけではありません。

古文の已然形

雨降れば、出《い》でず。(雨が降ったので、外に出ない)

雨こそ降れ。(雨が降る)係り結びの「結び」

現代語の仮定形

(もし)雨が降れば、休みだ。

> ※**已然形の「已」**は「**已**」であり、「**巳(み、十二支のへび)**」や「**己(おのれ)**」ではありません!

活用の種類

■未然形…「ず」「む」に連なる　咲かず　sakaず

■連用形…用言や「たり」に連なる　咲きたり　sakiたり

■終止形…言い切りで「。」がつく　咲く。　saku。

■連体形…体言や「とき」に連なる　咲くとき　sakuとき

■已然形…「ども」に連なる　咲けども　sakeども

■命令形…言い切りで命令する　咲け!　sake!

「咲く」という動詞を六つの活用形にあてはめて活用させると上のように変化します。

「咲かず」をローマ字で表記すると「sakaず」となりますが、

このうち音が変化しない「さ(sa)」の部分を**語幹**、変化する「か(ka)」の部分を**活用語尾**と言います。また、活用語尾の母音の部分だけに注目すると「a・i・u・u・e・e」となっていて五十音図の「ア・イ・ウ・エ」の四つの段を規則正しく使って変化していることがわかります。そこで、**「咲く」は力行の四つの段を使って活用変化する動詞、すなわち、「力行四段活用動詞」**と呼ぶことができます。

このようにして、すべての動詞を活用させると活用形の種類は全部で九種類となります。

<table>
<tr><th>古文の活用形</th><th>例</th><th>現代語の活用形</th></tr>
<tr><td>四段活用</td><td>行く・言ふ・咲く・読む…</td><td rowspan="4">五段活用</td></tr>
<tr><td>ナ行変格活用</td><td>死ぬ・往《い》(去《い》)ぬ(二語)</td></tr>
<tr><td>ラ行変格活用</td><td>あり・をり・はべり・いますかり(四語)</td></tr>
<tr><td>下一段活用</td><td>蹴《け》る(一語)</td></tr>
<tr><td>上一段活用</td><td>着る・煮る・似る・見る(十数語)</td><td rowspan="2">上一段活用</td></tr>
<tr><td>上二段活用</td><td>落つ・過ぐ・滅ぶ…</td></tr>
<tr><td>下二段活用</td><td>憂《うれ》ふ・越ゆ・流る…</td><td>下一段活用</td></tr>
<tr><td>カ行変格活用</td><td>来《く》(一語)</td><td>カ行変格活用</td></tr>
<tr><td>サ行変格活用</td><td>す・おはす(二語+複合動詞)</td><td>サ行変格活用</td></tr>
</table>

※「いますかり」は「いらっしゃる」という意味の尊敬語。

つまり、①現代語ではなくなっているナ行変格活用・ラ行変格活用・上二段活用・下二段活用がある。②四段活用は現代語では五段活用になっている、という点が異なっています。

四段活用

基本形	語幹	未然形	連用形	終止形	連体形	已然形	命令形
咲く	咲(さ)	ーか ka	ーき ki	ーく ku	ーく ku	ーけ ke	ーけ ke

五十音図の四段(a/i/u/e)を使っているので、四段活用。

ナ行変格活用

基本形	語幹	未然形	連用形	終止形	連体形	已然形	命令形
死ぬ	死(し)	ーな na	ーに ni	ーぬ nu	ーぬる nuる	ーぬれ nuれ	ーね ne

ナ行の四段(a/i/u/e)を使ってはいますが、四段動詞「咲く」のようにka・ki・ku・ku・ke・keといった規則的な変化をしていないので「変格(=本来の規則に合っていないこと)」と名づけられています。

ラ行変格活用

基本形	語幹	未然形	連用形	終止形	連体形	已然形	命令形
あり	あ	ーら ra	ーり ri	ーり ri	ーる ru	ーれ re	ーれ re

ラ行の四段（a／i／u／e）を使っていますが、規則的な変化をしていないので「変格」と名づけられています。

カ行変格活用

基本形	語幹	未然形	連用形	終止形	連体形	已然形	命令形
来	○	こ ko	き ki	く ku	くる kuる	くれ kuれ	こ ko

カ行の三段（o／i／u）を使っているので「三段活用」と言いたいところですが、サ行変格活用（e／i／uの三段を使う）と区別をするために、「カ行変格活用」と名づけられています。

※古文では「来《く》」で一語です。現代語のように終止形は「来る」ではありません。

サ行変格活用

基本形	語幹	未然形	連用形	終止形	連体形	已然形	命令形
す	○	せ se	し si	す su	する suる	すれ suれ	せよ seよ

サ行の三段（e／i／u）を使っているので「三段活用」と言いたいところですが、カ行変格活用（o／i／uの三段を使う）と区別するため、「サ行変格活用」と名づけられています。

※古文では「す」で一語です。現代語のように終止形は「する」ではありません。また漢語に付いた複合動詞（例＝死＋す＝死す・愛＋す＝愛す・念＋す＝念ず）もサ行変格活用です。

下一段活用　**上一段活用**

基本形	語幹	未然形	連用形	終止形	連体形	已然形	命令形
蹴《け》る	○	け ke	け ke	ける keる	ける keる	けれ keれ	けよ keよ
着る	○	き ki	き ki	きる kiる	きる kiる	きれ kiれ	きよ kiよ

「蹴る」は五十音図の中心にある「u」の段から下にある「e」の一段のみを、「着る」は上にある「i」の一段のみを使って活用しているので、「下一段」「上一段」と名づけられています。

a | i | u | e | o

上一段　　下一段

下二段活用　**上二段活用**

基本形	語幹	未然形	連用形	終止形	連体形	已然形	命令形
憂《うれ》ふ	うれ	ーへ he	ーへ he	ーふ huる	ーふる hu	ーふれ huれ	ーへよ heよ
恋《こ》ふ	こ	ーひ hi	ーひ hi	ーふ hu	ーふる hu	ーふれ huれ	ーひよ hiよ

「憂《うれ》ふ」は五十音図の中心にある「u」とその下にある「e」の段の二つの段を使っているので「下二段」、「恋ふ」は「u」とその上にある段の二つの段を使っているので「上二段」と名づけられています。

a | i　u | e | o

上二段

a | i | u　e | o

下二段

2　助動詞の意味

助動詞は種類が多く、そのうえ複雑な活用をするので、丁寧に説明すればかえって混乱しかねません。そこで、ここではよく使われる助動詞の終止形と意味だけに絞って説明をします。あとは実際の文章を読みながら理解していけばいいでしょう。

助動詞	口語訳・意味・接続	例　文
ず	…ない・打消・未然形	食べず(食べない)
き	…た・過去・連用形	及ばざりき(及ばなかった)
けり	…た・過去・連用形	花咲きけり(花が咲いた)
つ	…た／…してしまった・完了・連用形	名をつけつ(名前をつけた)
ぬ	…た／…してしまった・完了・連用形	夏は来《き》ぬ(夏はやってきた)

たり・り	…た／してしまった・完了・連用形(「り」はサ変の未然形、四段の已然形)	沈みたり(沈んでしまった)
む	…う・意志／推量・未然形	勝たむ(勝とう／勝つだろう)
べし	…う／できる／べきだ・意志／推量／可能／当然・終止形	勝つべし(きっと勝つぞ／きっと勝つだろう／勝つことができる／勝って当然だ)
らむ	…ているだろう・現在推量・終止形	鳥鳴くらむ(鳥が鳴いているだろう)
なり	…だ・断定／存在・連体形 …そうだ・伝聞推定・終止形	男なり(男だ) 男もすなり(男もするそうだ)
じ	…ではないだろう・打消推量・未然形 …しないつもりだ・打消意志・未然形	花咲かじ(花は咲かないだろう) 負けじ(負けないつもりだ)

※日本語の文法では助動詞の意味を「否定」と言わずに「打《う》(ち)消《け》(し)」と言います。

「花咲きけり。」という文を文法的に説明すると次のようになります。

花	＝名詞
咲き	＝カ行四段動詞「咲く」の連用形
けり	＝過去の助動詞「けり」の終止形

このような言い方で言葉を説明することがあるので覚えておくと便利です。これを「品詞分解」と言います。

「及ばざりき。」は

及ば	＝バ行四段活用動詞「及ぶ」の未然形
ざり	＝打消の助動詞「ず」の連用形
き	＝過去の助動詞「き」の終止形

となります。

3　副詞の呼応

「副詞の呼応」とは副詞と決まった言い方がセットで使われることで主に打消や禁止の意味を表すものです。これを知っていると古文の解釈がとても楽にできます。

さらに…打消の語（ず／じ／まじ／なし）	（意味）まったく／少しも…ない （例）さらに知らず（まったく知らない）
つゆ…打消の語	（意味）まったく…ない （例）つゆ知らず（まったく知らない）
たえて…打消の語	（意味）まったく…ない （例）たえて行かず（まったく行かない）
え…打消の語	（意味）…できない （例）え行かず（行くことができない）
をさをさ…打消の語	（意味）ほとんど…ない （例）をさをさ知らず（ほとんど知らない）
よに…打消の語	（意味）決して…しない （例）よに忘れられず（決して忘れられない）

よも…じ	（意味）まさか…ないだろう （例）よも行かじ（まさか行かないだろう）
ゆめ…な	（意味）決して…するな （例）ゆめ行くな（決して行くな）
かまへて…希望・意志の語	（意味）ぜひとも…したい （例）かまへて行かむ（ぜひとも行きたい）
な…そ	（意味）…しないでもらいたい （例）な行きそ（行かないでもらいたい）

4　係り結び

古文でも普通の文は終止形で終わります（会話文のときは命令形もあります）。ところが、**係助詞「ぞ・なむ・や・か」があると連体形、「こそ」があると已然形で終わり、文末が終止形にならないのです。これを「係り結び（係り結びの法則）」と言います。**

そもそも「係助詞」とは、この言葉があると一定の終わり方（＝結び方）を要求して文の下に係っていくという意味からつけられたものなのです。ですから、終止形で終わるのが原則の現代語には係助詞はありません。「係り結び」は平安時代から歌をつくる人たちの間でなんとなく意識されていましたが、江戸時代の終わり頃に本居宣長《もとおりのりなが》が平安時代の文章を研究して『詞《ことば》の玉緒《たまのお》』で体系的に説明しました。

係り結びは強意・反語・疑問を表すものなので現代語にそのまま訳すことはできません。古文を原文で読む醍醐味《だいごみ》はこの係り結びで表しているニュアンスを感じることにあると言ってもいいでしょう。

例　隆家こそいみじき(扇の)骨は得て侍れ。

「こそ」の前にある文節。この場合は「隆家」を取り立てて強調しています。そのニュアンスを生かして口語訳すると以下のようになります。(※「侍れ」は已然形です。終止形は「侍り」です。)

すばらしい(扇の)骨を手に入れましたのは隆家なのです！

例　何ぞ用はある。

「ぞ」が疑問副詞の「何」と同時に使われて「定かではない」の意味を表しています。このニュアンスを生かして口語訳すると以下のようになります。(※「ある」は連体形です。古文では終止形は「あり」です。)

何か用あるの？

5　語の識別

いきなり問題です。次の問いに答えてください。

1　次の二つの「なり」のちがいを説明しなさい。

①　「鐘の音あはれなり。」

②　「鐘が鳴るなり。」

2　「夜は明けぬ。」とは、「夜は明けて、朝になった」のかそれとも「まだ夜は明けていない」ことなのか。どちらですか？

3　次の①〜③のなかで係り結びの法則を含むものはどれですか？

①　雀の子を犬君《いぬき》が逃《のが》しつる。（雀の子を犬君が逃がしてしまったの。）

②　かくかたき事をばいかに申さむ。（こんな難しいことをどうして申せましょうか。）

③　何をか奉らむ。（何を差しあげましょうか。）

答え

1　①は形容動詞「あはれなり」の活用語尾。②は伝聞推定の助動詞「なり」の終止形。したがって、①「鐘の音がしみじみとした趣がある。」、②「鐘が鳴っているようだ。」という口語訳になります。

2　「夜は明けて、朝になった」の意味です。「明けぬ」の「明け」は四段動詞「明く」の連用形です。連用形に接続するのは完了の助動詞「ぬ」なので「明けた」という意味になります。「明けない」は「明かぬ（「明く」の未然形＋打消の助動詞「ず」の連体形）」と言います。

3　③です。「か…む（助動詞「む」の連体形）」となっています。①も②も連体形で終わっていますが、①は連体止め、②は「いかに」という疑問詞と呼応しています。

…とこんなふうに説明されてもさっぱりわからない。だから、古典は嫌いだ!!　という声が聞こえてきます。

こんなことを大学受験生は一生懸命勉強しているのか、となんとなく思っていただければ十分です。あまり考え込まずに読み進めてください。その都度、説明をしていきます。

第２章
漢文の基礎
Basic of Chinese classics

Ⅰ　漢文とは？

いうまでもなく、「読書」という熟語は「ドクショ」と読みます。これはそれぞれの漢字を当時の中国の発音に近い音（「ドク」は呉《ご》音〈呉の地方の中国語の発音〉、「ショ」は漢音〈長安や洛陽《らくよう》地方の中国語の発音〉）で読んだ「音読み」です。いわば、古代の中国語をそのまま発音しているのです。

ところが一方で、私たちはこの熟語を〈書（＝本）を読む〉と自然に理解して、それを疑うことをしません。それぞれの漢字を訓読み（日本語の意味で読むこと）すれば「読」は「よ（む）」、「書」は「か（く）」となり、「読み書き」となりますが、これでは〈本を読《よ》む〉の意味にはなりません。ですから、「読書」＝〈本を読む〉というときには「書」は名詞、「読」は動詞として区別し、下にある「書」を目的語として「書ヲ」と先に読み、そのあとで「読ム」と理解（訓読《くんどく》）しているということになります。

つまり、中国の言葉を表すために作られた文（漢文・白文）を音読み、訓読みを使い分け、語順を日本語風に変え、助詞・助動詞・活用語尾を補って、そのまま日本語として理解するというわざをしているのです。いわば、外国語である中国語を「翻訳」せず、そのまま日本語として読んでいると言ってもいいでしょう。こんなことをしている国はほかにありません。おそら

漢文　読書
訓読　書《しょ》ヲ読《よ》ム
意味・口語訳　本を読む

く、古代日本において短期間のうちに中国の文化を吸収する必要に迫られ、本格的な語学の研究をするのを抜きにしていきなり原文から内容をつかみとる窮《きゅう》余《よ》の策であったのかもしれません。

しかし、このような読み方が定着してくるにしたがって、日本語の表現もそれに影響されて変化してくることになりました。なんといっても漢語が文章の中心にあるわけですから、抽象的な内容を力強く、簡潔に表現することができるようになったのです。

このようにして、漢文訓読は日本語に大きな影響を与えています。国語という教科なのに「古典」として古代の中国語を読むのは、現代語を理解するには漢文の知識も不可欠と考えられているからでしょう。実際、私たちが日常的に使う「矛盾《むじゅん》」や「蛇《だ》足《そく》」あるいは「漁夫の利」といった言葉は漢文から来ているのです。

- **漢文**とは、主に古代中国において文語体で書かれた文章のこと。
- **白文**とは、漢字だけで書かれた原文のこと。
- **訓読**とは、漢文を日本語の文法・語順にしたがって日本語の文章のように読むこと。
- **訓読文**とは、訓読した文のこと。具体的には白文に訓点（返り点・送りがな・句読点）などの符号を付けて読み方を示したもの。

・**書き下し文**とは、訓読文を漢字とひらがなを使って書き改めたもの。「漢字仮名交じり文」ともいう。

・**口語訳**とは、書き下し文の内容を現代語にしたもの。

漢文

白文

西出陽関無故人

訓読文

西ノカタ出ヅレバ二陽関ヲ一無カラン二故人一。

書き下し文

西のかた陽関を出づれば故人なからん。

口語訳

西の方にある陽関を出てしまえば、古くからの友人もいなくなるであろう。

Ⅱ　訓読のきまり

1　送りがな

漢文を日本語として読むために活用語尾・助詞・助動詞を補うもの。次の規則があります。

1　漢字の右下にカタカナで小さく書く。
2　文語文法の規則にしたがう。
3　歴史的仮名遣いで付ける。
（例：蝶舞フ）
4　文意により必要な助詞・助動詞・活用語尾を補う。
（例：孔子ハ聖人ナリ）
5　副詞や接続詞は最後の一字を送る。
（例：既ニ、故ニ）

3　鳥飛ビ、蝶舞フ。

4　孔子ハ聖人ナリ。波静カナリ。

5　既《すで》ニ罷《や》メテ帰ル故《ゆゑ》ニ虎ハ吠《ほ》ユ。

2　返り点

漢文を日本語の語順に合わせて読む（訓読する）ために、読む順序を示した記号のこと。漢字の左下に小さく付けます。

0 千里ノ江陵《かうりよう》一日ニシテ還《かへ》ル。

1 学ブレ詩ヲ。

不レ学バレ詩ヲ。

2 読ム二漢文ヲ一。

3 有リ下好ム二漢文ヲ一者上。

4 有リ乙欲スル下学ビテ二漢文ヲ一及第セント上者甲。

5 送ル二友ノ帰ルヲレ郷ニ。

0 記号無し

・何も記号が付いていなければ上の字から順に下に読む。

書き下し文 千里の江陵一日にして還る。

訳 千里遠くにある江陵まで一日でたどり着いた。

1 レ点

・下の字からすぐ上の字に返る記号。

書き下し文 詩を学ぶ。

訳 詩を勉強する。

・レ点が連続する場合には一つずつ上へ返る。

書き下し文 詩を学ばず。

訳 詩を勉強しない。

※「不」は打消の助動詞「ず」と読み、ひらがなで示す。

2 一・二点

・二字以上離れた上の字に返る記号。

書き下し文 漢文を読む。　訳 漢文を読む。

・必要に応じて一・二・三…を用いることもある。

3 上・下点

・一・二点の句をはさんで返る記号。

書き下し文 漢文を好む者有り。　訳 漢文を好む人がいる。

・必要に応じて上・中・下点を用いることもある。

4 甲・乙・丙《へい》点

・一・二点、上・下点をはさんで返る記号。

書き下し文 漢文を学びて及第せんと欲する者有り。

訳 漢文を勉強して合格しようと思う者がいる。

・あまり使われることはない。

5 一レ・上レ・甲レ点

・「レ点」と他の返り点を同時に用いるときに使う記号。

書き下し文 友の郷に帰るを送る。

訳 友人が故郷に帰るのを送る。

3 再読文字

「再読文字」とは訓読するときに一字を二度読む文字のことです。主に次ページの文字があります。再読文字は最初に読むときの送りがなを右下に、二回目に読むときのものは左下に送ります。

当《まさ》ニベシ㆑惜《お》シム㆓寸陰ヲ㆒。

書き下し文 当に寸陰を惜しむべし。

訳 当然わずかな時間を惜しむべきである。

未＝いまダ〜ず（まだ〜ない）
将・且＝まさニ〜ントす（今にも〜しようとする）
当＝まさニ〜ベシ（当然〜べきである）
応＝まさニ〜ベシ（おそらく〜だろう）
宜＝よろシク〜ベシ（〜するのがよい）
須＝すべかラク〜ベシ（ぜひ〜する必要がある）
猶＝なホ〜ごとシ（ちょうど〜のようなものだ）
盍＝なんゾ〜ざル（どうして〜しないのか）

4 書き下し文

漢文を訓読のきまりにしたがって漢字仮名交じり文に改めたもののこと。次のようなきまりがあります。

1 一寸ノ光陰不レ可カラレ軽ンズ。
2 過チテ而不ルレ改メ、是《これ》ヲ謂《い》フレ過チト矣。

1 日本語の助詞・助動詞に当たる漢字はひらがなにし、動詞・名詞・副詞などの自立語は漢字のままで書く。

書き下し文 一寸の光陰軽んずべからず。

訳 少しの時間も軽視してはいけない。

2 訓読しない漢字は書き下し文には書かない。

書き下し文 過ちて改めざる、是を過ちと謂ふ。

訳 過ちをおかしてそれを改めないことを過ちというのだ。

「訓読しない漢字」とは、中国語では発音したが日本語としては読むことはしない、前置詞や強意のような働きをするもの。「置き字」といわれる。

例 ＝而・矣・於・焉

トレーニング

1

① □□レ□レ□レ□。

② □下□二□□レ□□□一□上□。

③ □□レ□□レ□□二□□□レ□。

④ □乙□□□下□□二□□一□上□□甲。

⑤ □レ□二□□一□□□三□□二□□一□。

2

① 己《おのれ》の欲《ほっ》せざる所《ところ》は、人に施《ほどこ》すこと勿《なか》れ。

己所不欲、勿施於人。

② 病《やまひ》は口より入り、禍《わざわひ》は口より出づ。

病従口入、禍従口出。

③ 学《がく》は猶《な》ほ山に登るがごとし。

学猶登山。

1 返り点にしたがって読む順序を□の中に数字で書いてください。

2 白文に書き下し文を参考にして返り点と送り仮名を付けてください。

3

① 不ンバレ入ラ二虎穴ニ一、不レ得二虎子ヲ一。

② 有リ下鬻《ひさ》グ二盾《たて》ト与《と》ヲ一レ矛《ほこ》者上。

③ 温《たづ》ネテレ故《ふる》キヲ而知ルレ新《あたら》シキヲ、可ベシ二以《もつ》テ為《な》ル一レ師ト矣。

④ 少年当《まさ》ニシレ惜シム二寸陰ヲ一。

⑤ 桃李《たうり》不レ言《ものい》ハ、下自《おの》ヅカラ成ルレ蹊《けい》ト。

3 漢文を書き下し文にしてください。

答え

1

① [1] [5]レ [4]レ [3]レ [2]。

② [8]下 [6]二 [1] [3]レ [2] [4] [5]一 [7]上 [9]。

③ [1] [3]レ [2] [5]レ [4] [10]二 [6] [7] [9]レ [8]。

④ [11]乙 [1] [2] [8]下 [3] [6]二 [4] [5]一 [7]上 [9] [10]甲 。

⑤ [4]レ [3]二 [1] [2]一 [5] [6] [11]三 [7] [10]二 [8] [9]一 [12]。

2

① 己ノ所ハレ不ルレ欲セ、勿レレ施スコト二於人ニ一。（自分の欲していないことを他の人にしてはならない。）

② 病ハ従リレ口入リ、禍ハ従リレ口出ヅ。（病は口から入り、禍は口から出る。）

③ 学ハ猶ホレシ登ルガレ山ニ。（学ぶことはちょうど山に登るようなものだ。）

3

① 虎穴に入らずんば、虎子を得ず。（虎の巣穴に入らなければ、虎の子を得ることはできない。）

② 盾と矛とを鬻ぐ者有り。（盾と矛を売っている者がいた。）

③ 故きを温ねて新しきを知る、以て師と為るべし。（昔のことを研究し、そのなかから新しいことを知る人なら、人の師となることができる。）

④ 少年当に寸陰を惜しむべし。（若い人は少しの時間も惜しむべきだ。）

⑤ 桃李言はず、下自づから蹊と成る。（桃や李は何も言わないけれど、その下には〈人が訪れてくるので〉自然と小道ができる。）

5 主な句法

漢文を訓読するときには英語の構文のように決まった読み方があります。これを知っていると漢文の理解が一層深まるはずです。そのうちの代表的ないくつかを紹介しておきます。

1 使《し》ム二（令《し》ム・教《し》ム）［人］ヲシテ [A] 一（セ）

[例] 使ム二子路ヲシテ問ハレ之ヲ。（子路をして之を問はしむ。＝子路にこのことをたずねさせた。）

2 被《ら》ル二（見《ら》ル・為《ら》ル）[A] 一（セ）

[例] 三タビ被《ら》ルレ害セ。（三たび害せらる。＝三度傷つけられた。）

為《な》ル二 [A] ノ所《ところ》トレ [B] スル

[例] 遂《つひ》ニ為ル二楚《そ》ノ所トレ敗《やぶ》ル。（遂に楚の敗《やぶ》る所と為る。＝とうとう楚の国に敗《やぶ》られた。）

※返り点（レ点、一・二点）は一例です。

1　使役形＝他の誰かに何かをさせるという意味を表す。

[訓] ［人］をして [A] (せ)しむ。

[訳] ［人］に [A] させる。

2　受身形＝他からの動作・作用を受ける意味を表す。

[訓] [A] (せ)らる。

[訳] [A] される。

[訓] [A] の [B] する所となる。

[訳] [A] に [B] される。

3 ①不《ず》二(弗《ず》)用言一(セ)　非《あら》ズ二(匪《あら》ズ)体言一(ニ)

例 井蛙《せいあ》不レ知ラ二大海一ヲ。(井蛙大海を知らず。＝井戸の中の蛙は大きな海を知らない。)

②非ズレ不ルニ二A一(セ)

例 非ズレ不ルニレ説《よろこ》バ二於大功一ヲ也。(大功を説《よろこ》ばざるにあらず。＝大きな成功をよろこばないわけではない、よろこんでいる。)

無シ三AトシテB不ルハ二B一(セ)

例 無シ二人トシテ不ルハレ死セ。(人として死せざるはなし。＝どんな人でも死なない人はない、必ず死ぬ。)

③不二常ニハ(必ズシモ・復《ま》タ)A一(セ)

例 貧ニシテ不二常ニハ得一レ油ヲ。(貧にして常には油を得ず。＝貧しくていつも油を手に入れられるわけではない、ときどき手に入らないことがある。)

④常ニ(必ズ・復タ)不二A一(セ)

例 貧ニシテ常ニ不レ得レ油ヲ。(貧にして常に油を得ず。＝貧しくていつも油を手に入れることができない。)

※返り点(レ点、一・二点)は一例です。

3　否定形＝動作や様態を様々なニュアンスで打ち消す意味を表す。

①　単純な否定

訓 用言(せ)ず。体言(に)あらず。

訳 ＿＿＿しない。／＿＿＿でない。

②　二重否定　(否定の語を二つ重ねて結果として強い肯定を表す。)

訓 A (せ)ざるにあらず。

訳 A しないわけではない。(A をする。)

訓 A として B (せ)ざるはなし。

訳 どんな A でも B しないものはない。

(A は必ず B する。)

③ 部分否定 (否定語＋副詞 のセットで、副詞部分を修飾的に否定する意味を表す。)

訓 常には(必ずしも・復た) A (せ)ず。

訳 いつも(必ず・二度は) A するとは限らない。

④ 全部否定 (副詞＋否定語 のセットで副詞の修飾する文全部を否定する意味を表す。)

訓 常に(必ず・復た) A (せ)ず。

訳 いつも(必ず・二度とも) A しない。

4 何《なん》ゾ（奚《なん》ゾ・誰《たれ》カ・孰《いづ》レカ・安《いづ》クニカなど） A 乎《や》（邪《や》・也《や》・哉《や》など）

例 秦王《しんわう》安クニカ在ル哉。（秦王安くにかあるや。＝秦王はどこにいるのか。）

5 何ゾ（奚ゾ・誰カ・孰レカ・安クニカなど） A ン乎（邪・也・哉など）

例 秦王安クニカ在ラン哉《や》。（秦王安《いづ》くにかあらんや。＝秦王はどこにいるのか、どこにもいない。）

6 況《いは》ンヤ A ヲ乎《や》

例 禽獣《きんじう》スラ知ルレ恩ヲ、而況ンヤ於《お》イテヲレ人ニ乎。（禽獣すら恩を知る、況んや人においてをや。＝鳥や獣でも恩を知っている。まして人間ならなおさら恩を知っているはずだ。）

4 疑問形＝疑問副詞などを使い相手に問いかける意味を表す。

訓 何《なん》ぞ（奚《なん》ぞ・誰《たれ》か・孰《いづ》れか・安《いづ》くにか） A （や・か）。

訳 どうして（何が・誰が・どこに・どうして） A なのか（するのか）？

5 反語形＝表現上は疑問形だが内容は反対の意味を表す。文脈で判断する）

訓 何ぞ（奚ぞ・誰か・孰れか・安くにか） A んや。

訳 どうして（何が・誰が・どこに・どうして） A なのか（するのか）、いや A ではない（しない）。

6 抑揚形＝前の文を抑《おさ》えて程度の低いものを述べ、後にくる文を揚《あ》げて強める表現の仕方。

訓 況んや A をや。

訳 まして A はなおさらだ。

Ⅲ　漢詩のきまりと技法

漢詩とは主に古代の中国の人々が書いた詩で、春秋《しゅんじゅう》戦国時代前８世紀～前３世紀から始まり唐《とう》の時代７世紀～10世紀に最盛期を迎えたものを言います。日本の文学にも大きな影響を与えています。

漢詩は大きく**唐代以前に成立した「古体詩」と唐代以降の「近体詩」**とに分けられています。古体詩は一句の字数は決まっていても句数・押韻《おういん》は不定で自由な形式の詩形です。一方、近体詩は厳密なきまりにしたがって作られています。「古典」で学ぶのはほとんどが近体詩なので、ここでは近体詩のきまりと技法について説明します。

			一句の文字数	**句数**	**押韻**
近体詩	絶句	五言絶句《ごごんぜっく》	五字	四句	偶数句末
		七言絶句《しちごんぜっく》	七字	四句	第一句末と偶数句末
	律詩	五言律詩《ごごんりっし》	五字	八句	偶数句末
		七言律詩《しちごんりっし》	七字	八句	第一句末と偶数句末

・「**言**」とは一句の文字数のことです。「**絶句**」とは四句、「**律詩**」とは八句で作られているものです。

・「**押韻**」とは一定の箇所に同じ韻(漢字の音のうち初めの子音部分を除いた残りの部分)を置くことで、中国語として声に出して読むときに音の響きの美しさをねらうもの。訓読するときは関係がありません。

例　間(kan)還(kan)山(san)のanが同じ響き。

・絶句は意味の上で**起・承・転・結**という展開をします。

・律詩は二句(奇数句と偶数句)ごとにまとまった内容になっており、それぞれのまとまりを**首聯**《しゅれん》・**頷聯**《がんれん》・**頸聯**《けいれん》・**尾聯**《びれん》という構成をしています。また第三句と第四句・第五句と第六句がそれぞれ対句《ついく》になっています。

・「**対句**」とは文法構造が一致し、互いに対応する二つの句を並べ、相対する語に対照的な意味をもたせる表現方法です。

例

青山 北郭ニ 横タハリ

↕　↕　↕

白水 東城ヲ 遶《めぐ》ル

五言絶句 (◎は押韻の文字)

起句　○○○○○　　承句　○○○○◎

転句　○○○○○　　結句　○○○○◎

七言絶句（◎は押韻の文字）

起句	○○○○○○◎	承句	○○○○○○◎
転句	○○○○○○○	結句	○○○○○○◎

五言律詩（◎は押韻の文字）

首聯	○○○○○		○○○○◎
頷聯	○○○○○	←対句→	○○○○◎
頸聯	○○○○○	←対句→	○○○○◎
尾聯	○○○○○		○○○○◎

七言律詩（◎は押韻の文字）

首聯	○○○○○○◎		○○○○○○◎
頷聯	○○○○○○○	←対句→	○○○○○○◎
頸聯	○○○○○○○	←対句→	○○○○○○◎
尾聯	○○○○○○○		○○○○○○◎

第3章

古典の鑑賞

Classic Appreciation

Ⅰ 古文 説話文学

平安時代の終わり頃になると、貴族社会が衰退し、雅《みやび》やかな宮廷生活を描く文学に陰《かげ》りがみえてきました。それに代わったのが「説話集」です。以前から仏教の教えや不思議な力をわかりやすく人々に伝える「仏教説話集」がありましたが、素朴な民衆の生活や生活感情を題材にした話を集めた「世俗説話集」がこの時代にさかんにつくられました。登場人物は貴族から武士、庶民、盗賊、天狗《てんぐ》、鬼まで実に多彩で、当時の人々の暮らしぶりがよくわかります。

現代の生活感覚と共通する部分も多く、「古文」のおさらいの手はじめとして楽しく読めると思います。

1 『沙石集《しゃせきしゅう》』巻八

小坊主さんは知恵者（一休さんのトンチ話や狂言のネタ）

原文

①ある山寺の坊主、慳貪《けんどん》なりけるが、②飴《あめ》を治《ぢ》して、ただ一人

ある山寺の坊主で、けちであった人が　作って

食ひけり。よくしたためて、棚に置き置きしけるを、一人あり

食っていた　十分に管理して　そのつど置いていたが　一人いた

ける小児《こちご》に食はせずして、「これは、人の食ひつれば、死ぬる
小坊主　食べさせないで　人が食べてしまうと

物ぞ」と言ひけるを、この児、食はばやと思ひけるに坊主他行《たぎやう》
言っていたけれど　食べたいと思っていたところ坊主がよそに行った

の隙《ひま》に、棚より取り下ろしけるほどに、うちこぼして、小袖《こそで》に
すきに　ときに　飴をこぼして

も髪にもつけたりけり。日ごろ、欲《ほ》しと思ひければ、二、三杯、
（小坊主は飴を）食べたいと思っていたので

よくよく食ひて、坊主が秘蔵《ひざう》の水瓶《みづがめ》を、雨垂《あまだ》りの石に打ち当て
十分に　坊主の

て、打ち割りて置きつ。
打ち割っておいた

坊主帰りたりければ、この児さめほろと泣く。③「何ごとに
さめざめと　（坊主が）何で

泣くぞ」と問へば、③「大事の御《おほん》水瓶を、過《あやま》ちに打ち割りてさう
泣いているのか　（小坊主は）

らふ時に、いかなる御勘当《ごかんだう》か④あらんずらんとくちをしくおぼ
しまいましたので　どのようなお叱《しか》りが　あるだろうか　悔やんで

えて、命生きてもよしなしと思ひて、『人の食へば死ぬ』と仰《おほ》せ
しかたがない　おっ

られさうらふ物を、一杯食へども死なず、二、三杯まで食べて
しゃった物　食べ

さうらへども、おほかた死なず。果ては、小袖につけ、髪につ
ましたけれど　まったく

けてはべれども、いまだ死にさうらはず」⑤とぞ言ひける。
ましたけれど　死にません

飴は食はれて、水瓶は割られぬ。慳貪の坊主、得《う》るところな
割られてしまった　何も得るところが

し。児の知恵《ちゑ》、ゆゆしくこそ。学問の器量《きりやう》も、無下《むげ》にはあらじ
ない　大変なものである　才能　劣っていないだろう

かし。

口語訳▶

ある山寺にいた坊主で、けちな人が、飴を作って、ただ一人で食っていた。十分に管理して(食べたら)、棚にそのつど置いていたが、(山寺に)一人いた小坊主には食べさせないで、「これは、人が食べてしまうと、死んでしまう物だぞ」と言っていたけれど、この小坊主は(以前から)食べたいと思っていたところ、坊主がよそに(用事で)行ったすきに、棚から下ろしたときに、飴をこぼして、小袖にも髪にもつけてしまった。(小坊主は飴を)ふだんから、食べたいと思っていたので、二杯、三杯と十分に食べて、(その後は)坊主の大切にしまっておいた水瓶を、雨垂れを受ける石に打ちつけて、割っておいた。

坊主が帰ったところ、この小坊主がさめざめと泣いている。(坊主が)「何で泣いているのか」と尋ねたところ、「大切な水瓶を、過って割ってしまいましたので、(お坊様から)どのようなお叱りがあるだろうかと(自分のしたことを)悔やんで、命があってもしかたがないと思って、『人が食べれば死ぬ』とおっしゃった物を、一杯食べても死なず、二杯、三杯まで食べましたけれど、まったく死にません。最後には、小袖につけたり、髪につけたりしましたけれど、まだ死にません」と言った。

飴は食べられ、水瓶は割られてしまった。けちな坊主は、何も得るところがない。小坊主の知恵は、大変なものである。(きっと)学問の才能も、劣っていないだろう。

ポイントの解説

①ある山寺の坊主、慳貪《けんどん》なりけるが

「ある山寺の坊主」と「慳貪なりける」は同格の関係です。つまり、同じ人物のことをそれぞれ違った表現で説明しているのです。ですから、「ある山寺の坊主がけちであった」という意味ではありません。少ししつこい表現でここを口語訳すれば、「ある山寺の坊主で、けちであった坊主が」ということになります。

②飴《あめ》

お話の内容から、どうやらこの「飴」はドロップのような固い飴ではなく、どろ〜と溶けた水飴でしょう。鎌倉時代には、まだ甘いものは貴重品でした。

③主語・目的語が省略された箇所

口語訳には煩雑にならない程度にそれらを補ってあります。古文ではこのように省略が多いので人物と行動を取り違えないように気を付ける必要があります。

④あらんずらん

もともとは「あらむずらむ」で「あら(動詞)＋むず(推量の助動詞)＋らむ(現在推量の助動詞)」＝「きっとあることだろう」という強意のニュアンスをこめた推量の意味です。「むず」は、鎌倉時代以後さかんに使われるようになった助動詞です。推量の助動詞「む」とほとんど同じ意味ですが、強意のニュアンスがあるのです。また、この時代は撥音便《はつおんびん》で「む」を「ン」と読むことが多くなり、「む」の部分を「ん」と表記するようになりました。たし

かに「あらンずらン」と言ったほうがリズムが生まれ、強調している感じがしますね。

⑤とぞ言ひける

ぞ～けるの部分が係り結びです。小坊主の言葉を強調しているのです。

「附子《ぶす》」(狂言の演目)

狂言の「附子」という作品では外出することになった主人が太郎冠者《かじゃ》と次郎冠者に「附子という毒は吹く風にあたっただけでも死ぬから気を付けよ」と言いつけて出かけますが、二人は好奇心から近づき、それが甘い砂糖であることに気付いて食べてしまいます。そのあとで、言い訳のために主人の大切な茶碗と掛け軸を壊すというものです。狂言の方がドラマとして楽しめるものになっています。

『沙石集』

鎌倉時代後期の仏教説話集で十巻で構成されています。無住《むじゅう》(1226 ～ 1312)が編纂《へんさん》。仏教教義や法話に自分が実際に見聞きした事件、庶民の間に伝わる説話や笑い話を加えて一つの作品としています。仏教説話でありながら堅苦しい話が少なく、庶民的な話が多いので後世にも広く読まれました。

2 「宇治拾遺物語《うじしゅういものがたり》」（第104話）

仏を射た猟師（冷静な判断力をもつ男の話）

原文

昔、愛宕《あたご》の山に、久しく①おこなふ②聖《ひじり》ありけり。年頃おこな
修行している　長年修行して
ひて、坊をいづることなし。西の方《かた》に猟師《れふし》あり。この聖を貴《たふと》み
（住まいにしている）僧坊を出る
て、常にはまうでて、物奉《たてまつ》りなどしけり。久しく参《まゐ》らざりければ、
参拝して　品物を献上する
③餌袋《えさぶくろ》に干飯《ほしいひ》など入れてまうでたり。聖よろこびて、日ごろのお
参上した　気が
ぼつかなさなどのたまふ。その中に、ゐ寄りてのたまふやうは、
かりだったこと　おっしゃる　（聖は猟師に）にじり寄って
「このほど、いみじく貴きことあり。この年ごろ他念なく経《きやう》を
とても尊いこと　他に気をとられること
保ちたてまつりてある しるしやらん、この夜ごろ、④普賢菩薩《ふげんぼさつ》、
なく読経申しあげた　ご利益だろうか　毎晩
象に乗りて見えたまふ。今宵《こよひ》とどまりて拝《をが》みたまへ」と言ひけれ
拝みなさい
ば、この猟師、「よに貴きことにこそ候《さうら》ふなれ。さらば、泊まり
まことに尊いことでございますね
て拝みたてまつらん」とて、とどまりぬ。
拝み申しあげましょう

［中略］

九月《ながつき》二十日《はつか》のことなれば、夜も長し。今や今やと待つに、夜《や》
夜
半《はん》過ぎぬらんと思ふほどに、東の山の峰《みね》より、月のいづるやう
中も過ぎてしまった
に見えて、峰の嵐《あらし》もすさまじきに、この坊の内、光さし入《い》りた
峰を吹き下ろす風も荒々しいところに
るやうにて、明けくなりぬ。見れば、普賢菩薩白象に乗りてや
明るくなった　おも
うやうおはして、坊の前に立ちたまへり。
むろにおいでになり

［中略］

猟師思ふやう、「聖は年ごろ経をも保ち、読みたまへばこそ、その目ばかりに見えたまはめ〔その目にだけ（菩薩は）見えなさるのだろうけれど〕、この童《わらは》、わが身などは経の向きたる方も知らぬに〔お経の（縦横）の向きもわからないのに〕、見え給へるは、心得られぬ〔納得できない〕ことなり」と心の内に思ひて、このこと試《こころ》みてん〔このこと（の真偽）をためしてみよう〕、これ罪得《う》べきことにあらず〔決して罪になることではない〕と思ひて、⑤とがり矢を、弓につがひて、聖の拝みたる上より、さし越して、弓を強く引きて、ひやうと射たりければ御胸〔（菩薩の）〕のほどに当たるやうにて、火をうち消つごとくにて光も失せぬ〔光もなくなった〕。谷へとどろきて〔ごろごろと大きな音がして〕逃げ行く音す。

聖、「これはいかにしたまへるぞ〔どうなさったのだ〕」と言ひて、泣きまどふこと限りなし。男申しけるは、「聖の目にこそ見えたまはめ〔聖の目に現われなさるのはもっともなことです〕。⑥わが罪深き者の目に見えたまはば、試みたてまつらんと思ひて射つるなり。まことの仏〔本当の仏〕ならば、よも矢は立ちたまはじ〔よもや矢は（お体に）立ちますまい〕。さればあやしきものなり〔（あれは）怪しいものです〕」と言ひけり。

夜明けて、血をとめて〔血の跡をつけて〕行きて見ければ、一町ばかり行きて、谷の底に、大きなる狸《たぬき》、胸よりとがり矢を射通されて死して伏せりけり。

聖なれど、無知なれば、かように化《ば》かされけるなり。⑦猟師なれども、おもんぱかり〔思慮〕ありければ、狸を射殺し、その化け〔化けの皮〕をあらはしけるなり。

口語訳 ▸

昔、愛宕の山に、長らく修行している聖がいた。長年修行して、(住まいにしている)僧坊を出ることがない。(この山の)西の方に猟師がいる。この聖を尊敬して、いつも(寺に)参拝して、品物を献上するなどしていた。しばらくお参りしなかったので、(今回は特に)餌袋に干飯など(の食べ物)を入れて参上した。聖は喜んで、日頃の気がかりだったこと(猟師の訪れがなかったこと)などをおっしゃる。そのうちに、(聖は猟師に)にじり寄っておっしゃるのには、「近頃、とても尊いことがある。ここ数年、他に気をとられることなく(法華経《ほけきょう》を)読経申しあげたご利益《りやく》だろうか、ここのところ毎晩、普賢菩薩が、象に乗って見えなさる。今夜は(ここに)とどまって拝みなさい」と言ったので、この猟師は、「まことに尊いことでございますね。それならば、(今晩はここに)泊まって拝み申しあげましょう」と言って、(そこに)残った。

[中略]

九月二十日のことなので、夜も長い。今か今かと待っていると、夜中も過ぎてしまったと思う頃に、東の山の峰から、月が出るように見えて、峰を吹き下ろす風も荒々しいところに、この坊の中が光が差し込んだように、明るくなった。見ると、普賢菩薩が白い象に乗っておもむろにおいでになり、坊の前にお立ちになった。

[中略]

猟師が思うには、「聖は長年法華経を(身体から離さずに)もち、読んでいらっしゃるからこそ、その目にだけ(菩薩は)見えなさるのだろう、(しかし、)この小坊主や自分などはお経の(縦横の)向きもわからないのに、(菩薩が)見えなさるのは、納得できないことだ」と心の中で思って、このこと(の真偽)をためしてみよう、これは決して罪になることではないと思って、とがり矢を、弓につがえて、聖が拝んでいる上から、弓を強く引いて、ひょうと射たところ(菩薩の)胸のあたりに当たったようで、火をぱっと消すように光もなくなった。谷の方へごろごろと大きな音がして逃げて行く音がする。

聖は、「これはどうなさったのだ」と言って、泣き騒ぐことこの上もない。男が申すには、「聖の目に(菩薩が)現われなさるのはもっともなことです。(しかし)自分ごとき(殺生を仕事とする)罪深い者の目に(菩薩が)現われなさったので、確かめ申そうと思って(矢を)射たのです。本当の仏ならば、よもや矢は(仏のお体に)立ちますまい。(ところが)立ったのですから(あれは)怪しいものです」と言った。

夜が明けて、血の跡をつけて行って見たところ、一町(約110メートル)ほど行って、谷の底に、大きな狸が、胸からとがり矢を射通されて死んでたおれていた。

聖であっても、無知なので、このように化かされたのである。(一方)猟師であるけれど、思慮があったので、狸を射殺して、その化けの皮をはいで(正体を)あきらかにしたのである。

ポイントの解説

①おこなふ

古文では「実行する・実施する」という意味より「仏道修行をする・勤行《ごんぎょう》をする」という意味で使うことのほうが多いです。

②聖《ひじり》

徳の高い僧のことですが、大寺院や教団に属さないで修行に専念する僧のことをとくにこのように呼びます。

③餌袋に干飯など入れて

「餌袋」とはもともと鷹《たか》狩りに使う鷹のエサを入れる袋でしたが、後には人の食料を入れて携えるもののことになりました。弁当袋のことです。「干飯」とは炊いた飯を干して携帯用、保存用にしたもの。水や湯で戻して食べます。インスタントライスですね。

④普賢菩薩《ふげんぼさつ》

釈迦如来《しゃかにょらい》の向かって右側に位置し、白象に乗っています。法華経というお経を信仰する者を守ると言われています。ちなみに釈迦如来の右側に位置するのは文殊《もんじゅ》菩薩で獅子《しし》に乗っています。

⑤とがり矢

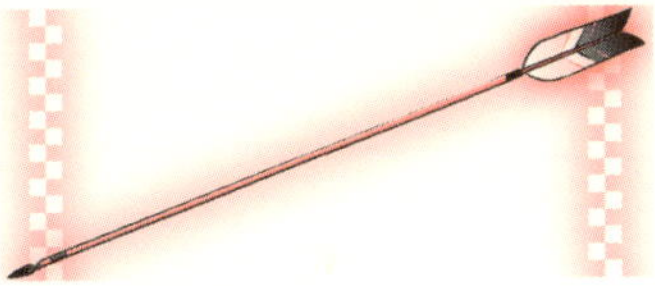

矢じりが鋭くとがった矢のこと。羽を四方につけてあります。

⑥わが罪深き者

猟師は鳥獣を捕まえ、殺すことを仕事としています。仏の教えからすれば実に罪深いことになります。しかし、生きていくためにはそれをやめるわけにはいきません。この猟師はその罪を自覚して、聖を援助することで救われたいと思っていたのではないでしょうか。

⑦猟師なれども、おもんぱかりありければ

罪深きなりわいの猟師であるけれど思慮があったというのです。聖がまんまと狸にだまされているのに、猟師は自分のような者に仏が見えるはずがないと、実に合理的、冷静に判断しています。自己を見つめる目は他にも向かっているのです。一方、修行に専念することで慢心がきざし、ご利益を期待して狸なんぞにだまされたのが聖でしょう。

平安時代が終わり、新しい時代を作っていったのは、ここに登場した知恵や現実的な判断力をもった猟師や前の話の小坊主のような人たちでしょう。

『宇治拾遺物語』

鎌倉《かまくら》時代前期の世俗説話集。15巻・197話を収めています。編者は不明。多彩な話題が天竺《てんじく》(インド)・震旦《しんたん》(中国)・本朝(日本)にわたり、何らかの連想ないし関連のある配列によって自由多様に変化しつつ展開されています。事実を正確に記録するとか、啓蒙につとめるなどの意識よりも興味におもむくままに説話が集められています。

編者は多くの出典の中から説話を採録するだけではなく、口がたりを聞き書きし、それを滑稽で愚かしい人間の行動として暖かい目で描き出しているようです。「こぶとりじいさん」「ちごのかひもち」などよく知られている説話もこの中にあります。

Ⅱ 古文 随筆文学

はっきりした主題や構成をもたずに身の回りに起きたこと、毎日の生活の中で考えたり、感じたことを書きつづるというのが随筆です。英語の「essay《エッセイ》」に近いものです。内容は紀行的なもの、学問的・思索的なもの、記録的なものなど多岐にわたりますが、いずれも直観的表現によって作者の個性が告白的に表れている点は共通します。ここでは、日本の代表的随筆を二つとりあげて、人間や自然に向けられた観察を通して個性的なものの見方・感じ方を味わってみたいと思います。

1 枕草子《まくらのそうし》

春って曙《あけぼの》よ！（『枕草子』の有名な第一段）

原文

春はあけぼの。やうやう《だんだん》白くなりゆく①山ぎは、すこしあかりて《明るくなって》、②紫だちたる《紫がかった》雲の細くたなびきたる。（それがいい）

夏は夜。月のころはさらなり《言うまでもない》、やみもなほ《やはり》、蛍の多く飛びちがひたる。また、ただ一つ二つなど、ほのかにうち光りて行くも③をかし。④雨など降るもをかし。
おもしろい

秋は夕暮れ。夕日のさして①山の端《は》いと⑤近うなりたるに、
近くなった頃に

烏《からす》の寝どころへ行くとて、三つ四つ、二つ三つなど飛び急ぐさ

へ③あはれなり。まいて雁《かり》などのつらねたるが、いとちいさく
趣がある　ましてや雁などの連なっているのが

見ゆるは、いとをかし。日入りはてて、風の音、虫の音などは

たいふべきにあらず。
言いようのない(ほど趣がある)

冬はつとめて。雪の降りたるはいふべきにもあらず、霜のい
早朝

と白きも、またさらでもいと寒きに、火など急ぎおこして、炭
そうでなくてもたいそう寒い朝に　炭を

もて渡るも、いとつきづきし。昼になりて、ぬるくゆるびもて
持ち運ぶ様子　いかにも似つかわしい　寒気がゆるんで

いけば、⑥火《ひ》桶《をけ》の火も、白き灰がちになりて⑦わろし。
くると　よくない

（第１段）

口語訳

春はあけぼの(がいい)。だんだん白くなっていく山ぎわが、少し明るくなって、紫がかった雲がたなびいている(のがいい)。

夏は夜(がいい)。月の明るい頃は言うまでもない。(月の出ない)闇の夜もやはり、蛍がたくさん飛びかっている(のがいい)。また、ただ一つ二つと、ほのかに光って(飛んで)いくのもおもしろい。雨などが降る夜もおもしろい。

秋は夕暮れ(がいい)。夕日がさして山の端にたいそう近くなった頃に、烏がねぐらに行こうとして、三つ四つ、二つ三つなど(の群れ)になって飛びいそぐ様子までがしみじみとした趣がある。まして雁など

の連なっているのが、たいへん小さく見えるのは、とても趣がある。日がすっかり沈んでしまって、風の音や虫の音など（が聞こえてくるの）は言いようのない（ほど趣がある）。

冬は早朝（がいい）。雪の降った朝は言うまでもない、霜が（降りて地面が）白くなっているときも、またそうでなくてもたいそう寒い朝に、火を急いでおこして、炭を（あちらこちらへ）持ち運ぶ様子も、いかにも（冬の朝らしく）似つかわしい。昼になって、寒気がゆるんでくると、火桶の火も、白い灰が多くなってきてよくない。

ポイントの解説

①山ぎは・山の端《は》

「山ぎは」は空の山に接している部分。「山の端」は山の空に接している部分。前者は空、後者は山、という違いがあります。イラストで示すとこんな感じです。

②紫

現代の紫色と比べるとずっと赤みを帯びた「古代紫」のこと。この当時、紫はもっとも高貴な色とされていました。このあたりの描写はとても色彩感があり絵画的ですね。

③をかし・あはれなり

第２章の「古文の基礎」古文単語でも述べましたが、「をかし」は知的なおもしろさを表し、客観的で明るい感じをもって使われます。それに比べると「あはれなり」は内省的で、深く心を動かされたときの感情を表します。『枕草子』は「をかしの文学」、

『源氏物語』は「あはれの文学」などと評され、どちらの言葉も平安時代文学のキーワードと言えます。

④**雨など降る**

「雨などが降る(夜)」という意味ですが、それでは「雨」以外に何が降るのか、などと突っ込んではいけません。現代語でも「昨日、雨とか降ってさあ〜」と言いますね。それと同じです。そのとき「他に何か降ってたの？」と尋ねたら確実に嫌われます。これらは婉曲法《えんきょく》と言ってダイレクトに述べるのではなく、少し遠まわしにソフトに表現するものです。また、ここは「雨が降る夜に蛍が飛ぶ」情景ではなく、一般的な「雨の降る夜」と解釈されています。

⑤**近うなりたる**

「近くなり」=「tikakunari」の「k」という子音を省略すると「tikaunari」となります。そうすると、発音の法則からして(P.32参照)「オー」と読みますが、このようにウ段の子音が消える現象を「ウ音便」と言います。

⑥**火桶**

持ち運びできる丸い火鉢で、桐《きり》などの木をくりぬいて作られています。

⑦**わろし**

「あし→わろし→よろし→よし」の順に良くなっていきます。ここでの「わろし」は「をかし」と反対の意味で使われています。

桃尻《ももじり》語訳

『枕草子』には、作家の橋本治《はしもとおさむ》が「桃尻語訳」として現代の女子高生の言葉(とは言うものの、刊行されたのが1987年ですから、いささか古めでありますが)で訳した有名な口語訳があります。この段の口語訳を下に載せました。ぜひ、読み比べてください。

春って曙よ！
だんだん白くなってく山の上の空が少し明るくなって、紫っぽい雲がたなびいてんの！
夏は夜よね。
月の頃はモチロン！
闇夜もねェ……。
蛍が一杯飛びかってるの。
あと、ホントに一つか二つなんかが、ぼんやりボーッと光ってくのも素敵。雨なんか降るのも素敵ね。
秋は夕暮れね。
夕日がさして、山の端にすごーく近くなったとこにさ、烏が寝るところに帰るんで、三つ四つ、二つ三つなんか、飛び急いでくのさえいいのよ。ま・し・て・よね。雁なんかのつながったのがすっごく小さくみえるのは、すっごく素敵！　日が沈みきっちゃって、風の音や虫の声なんか、もう………たまんないわねッ！
冬は早朝よ。雪が降ったのなんかたまんないわ！
霜がすんごく白いのも。
あと、そうじゃなくても、すっごく寒いんで火なんか急いでおこして、炭の火持って歩いていくのも、すっごく"らしい"の。昼になってさ、あったかくダレてけばさ、火鉢の火だって白いばっかになって、ダサイのッ！

（橋本治『桃尻語訳　枕草子（上）』河出書房新社）

今の時代でもありそうな…（すさまじきもの＝興ざめなもの）

原文

①除目《ぢもく》に司《つかさ》得ぬ人の家。今年は必ずと聞きて、はやうありし
除目に任官されない人　以前から（この家に仕え
者どものほかなりつる、田舎《ゐなか》だちたる所に住む者どもなど、み
て）いて（今は）他に仕えている者や、田舎の方に
な集まり来《き》て、いで入る②車の轅《ながえ》もひまなく見え、物まうです
牛車《ぎっしゃ》の轅もすき間なく見え、（任官を祈り）参拝する
る供《とも》に、われもわれもと参りつかうまつり、もの食ひ、酒飲み、
参りお仕えし
ののしり合へるに、はつる暁まで門たたく音もせず、あやしう
大声で騒ぎ合っているのに　（徐目が）終わる明け方まで　変だなあ
など耳立てて聞けば、③前駆《さき》追ふ声々などして④上達部《かんだちめ》などみ
先払いの声々
ないでたまひぬ。もの聞きに、宵より寒がりわななきをりける
（宮中から）おでましになった　様子を聞きに　寒がり震えていた
下衆男《げすをとこ》、いと物うげにあゆみくるを、見るものどもは⑤え問ひ
つらそうに歩いてくるのを　（徐目の結果
にだにも問はず。外《ほか》よりきたる者どもなどぞ、「殿《との》は何にかな
を）問うこともできない　おな
らせ給《たま》ひたる」など問ふに、いらへには「なにの⑥前司《ぜんじ》にこそは」
りになったのか　返事には
などぞかならずいらふる。まことにたのみけるものは、いとな
返事をする　（任官を）頼みにしていた者はとても嘆かわしい
げかしと思へり。
ことだと思っていた

つとめてになりて、ひまなくをりつる者ども、ひとりふたり
翌朝　すき間なくつめかけていた者たちも
すべりいでて往《い》ぬ。ふるき者どもの、さもえいきはなるまじき
こっそりと抜け出していってしまう　そうもいかないであろう者たちは
は、来年の国々、手を折りてうちかぞへなどして、ゆるぎあり
身体をゆすって歩
きたるも、いとほしう⑦すさまじげなり。
きまわっているのも、とても気の毒で興ざめなことだ

（第25段の一部）

口語訳▶

地方官任官の除目で官職を得られない人の家。今年は必ず(任官される)と聞いて、以前から(この家に仕えて)いて(今は)他に仕えている者や、田舎の方に住んでいる者などが、たくさん集まって来て、出入りする牛車の轅も(割り込む)すき間がなく見え、(任官を祈り)参拝する(その家の主人の)供にと、我も我もと参りお仕えし、物を食い、酒を飲み、大声で騒ぎ合っているのに、(徐目が)終わる明け方まで、(知らせの者が)門をたたく音もしない、変だなあと耳を立てて聞いていると、先払いの声々がして上達部などはみな(宮中から)おでましになった。様子を聞きに、(前日の)宵の頃から(出かけて)寒がり震えて(待って)いた下男がとてもつらそうに歩いてくるのを、(家にいて)見ている者たちは(徐目の結果を)問うこともできない。よそから訪れた者が、「御主人は何におなりになった(任官された)のか」などと尋ねるが、返事には「前《さき》のどこどこの国司です」と必ず返事をする。本当に(主人の任官を)頼みにしていた者は、とても嘆かわしいことだと思って(落胆して)いた。

翌朝になって、すき間なくつめかけていた者たちも、一人二人こっそりと抜け出していってしまう。古くから仕えている者たちで、そうもいかないであろう者たちは、(早くも)来年の(欠員になる)国々を、指を折って数えるなどして、身体をゆすって歩きまわっているのも、とても気の毒で興ざめなことだ。

ポイントの解説

①除目《ぢもく》

役人の人事異動の行事。春と秋にあり、春は「県召《あがためし》の除目」で地方官の任命、秋は「司召《つかさめし》の除目」で中央の役人の任命をします。この話では春の除目を指しています。

②車の轅《ながえ》

「車」とは牛に引かせる車、「牛車」のことです。馬車はなかったようです。轅はその車を牛につなぐ前の棒の部分のことです。イラストを見てください。ちなみに牛車は「ぎっしゃ」と読みます。「うしぐるま」などと読むとなんだか、品がなくなりますね。牛車は後ろの方から乗って、前から降ります。

③前駆《さき》追ふ声々

身分が高い人が外を牛車に乗って通るときには警護の者が「警蹕《けいひつ》」と言って「おーしい、おーしい」と声をあげて先払いをしたのです。今でも、神社の祭礼などでは神主さんが神様のお通りになるのをこのような声をあげて先払いする行事が残っています。

④上達部《かんだちめ》

大臣・大納言・中納言・参議および三位《さんみ》以上の階級の人のこと。ということは、かなり身分の高いVIPのことです。

⑤え問ひにだにも問はず

「え問ひにだにも問はず」は「え（副詞）＋問ひ（動詞）＋に（格助詞）＋だに（副助詞）＋も（係助詞）＋問は（動詞）＋ず（助動詞）」と文法的には分解できます。「え…ず」で「…できない」という意味になりますから、しつこく訳すと「どうだったと問うことさえも問うことができない」となります。結果はわかっているから尋ねる勇気もでない、というニュアンスです。

⑥前司《ぜんじ》

「先の国司《こくし》」という意味。正直にだめだったと言えないからこのような言い方をしています。「前」は現在より一つ前、「元」は以前したことがあるという違いがあります。現在でも、「元総理大臣」と言えば何年前だろうが「総理大臣経験者」であり、「前総理大臣」と言えば、「今の総理大臣の前にその役職にあった人」という意味です。

⑦すさまじげなり

期待が膨らみ人々が大騒ぎをし、一転してそれがかなわなかったときの失望や空虚感が描かれています。現代でも選挙開票や合格発表でうまくいかなかったときはこんなことがありそうですね。鋭く人間を観察しています。

『枕草子』

平安時代中期の11世紀初めに書かれました。約300の章段からなり、宮中での出来事や体験、生活や自然に対する思いが感性豊かに述べられています。作者は清少納言《せいしょうなごん》。父は歌人として有名な清原元輔《きよはらもとすけ》。藤原道隆《ふじわらみちたか》の娘で一条《いちじょう》天皇の中宮となり後に皇后になった定子《ていし》に仕えました。『源氏物語』の作者紫式部《むらさきしきぶ》は同じく一条天皇の中宮である藤原道長《ふじわらみちなが》の娘彰子《しょうし》に仕えました。したがって、清少納言と紫式部は同時代に生きたいわばライバル同士でした。

一条天皇は彰子を中宮とするために定子を皇后としました。つまり、この時代には中宮も皇后も同資格の后《きさき》＝天皇の正妻とされたのです。

2 徒然草《つれづれぐさ》

つれづれなるままに…(『徒然草』の超有名な冒頭)

原文

つれづれなるままに、日暮らし、硯《すずり》にむかひて、心にうつり
手持ち無沙汰で退屈なままに

ゆくよしなしごとを、そこはかとなく書きつくれば、あやしう
どうでもよいこと　とりとめもなく　奇妙に

①こそものぐるほしけれ。
気持ちが高ぶってくるものだ

(序段)

口語訳

手持ち無沙汰で退屈なままに、一日じゅう、硯に向かって、心に映って(は消え、消えては映って)いくどうでもよいことを、とりとめもなく書きつけていると、奇妙に気持ちが高ぶってくるものだ。

上の口語訳とは別に、先の桃尻語訳をまねて筆者も「超訳」をしてみました。どうか皆さんも、自分の「超訳」を作ってみてください。

何もすることがなく、なんとなくミスティーな日に心に浮かんでは消えていくことを思いつくままに書いてみたら、妙にテンションが高くなったよ。(それで、いくつかの文章ができてしまった。それを集めたのがこの本なので、そんなにマジになって読まないでくださいね。)

ポイントの解説

①こそものぐるほしけれ

「こそ」は文末に係って、本来は「ものぐるほし」となるのを已然形の「ものぐるほしけれ」にしています。これは係り結びです。強調しています。気を付けなければならないのはこそ…けれではないことです。こそ…ものぐるほしけれです。「ものぐるほしけれ」は形容詞であり、これで一つの単語です。漢字で書くと終止形は「物狂ほし」。何となくイメージがわいてきましたか？

やっぱ、案内者は必要ですよね（仁和寺《にんなじ》の法師の失敗）

原文

仁和寺にある法師、年よるまで①石清水《いはしみづ》を拝まざりければ（拝んだことがなかったので）、心憂《う》く覚えて（残念に思って）、ある時思ひ立ちて、ただひとりかちより（徒歩で）詣でけり。極楽寺《ごくらくじ》・高良《かうら》などを拝みて、かばかりと心得て（これだけだと思い込んで）帰りにけり。さて、かたへの人（仲間の人）にあひて、「年ごろ思ひつること（長年思っていたこと）、果たし侍《はべ》りぬ（ました）。聞きし（（噂に）聞いていた）にもすぎて尊く②こそおはしけれ。そも、参りたる人ごとに山へ登りしは、何事かありけん（あったのだろう）、ゆかしかりしかど（知りたかったけれど）、神に参る③こそ本意《ほい》なれと思ひて（本来の目的だと思って）、山までは見ず」と④ぞ言ひける。⑤少しのことにも、先達《せんだち》はあらまほしき事なり（その道の案内者はあってほしいものだ）。

（第52段）

口語訳

仁和寺にいる法師が、年をとるまで石清水八幡宮《はちまんぐう》を拝んだことがなかったので、残念に思って、あるとき思い立って、たった一人徒歩でお参りに行った。(山のふもとにある)極楽寺や高良を拝んで、(石清水八幡宮は)これだけだと思い込んで帰ってきた。そうして、仲間の人に会って言うことには、「長年思っていたことを、果たしましたよ。(石清水八幡宮は噂に)聞いていたよりもずっと尊くいらっしゃった。それにしても、参拝する人々がみな山に登ったのは、何があったのだろう。(私も)知りたかったのですが、(石清水の)神様にお参りするのが本来の目的だと思って、山の上までは見ませんでした」と言ったのでした。

ああ、ちょっとしたことにも、その道の案内者はあってほしいものだ。

ポイントの解説

①石清水

京都府八幡市の男山《おとこやま》にある石清水八幡宮。そのふもとに極楽寺と高良神社があります。

②こそおはしけれ

「こそおわしけれ」が係り結びです。「けれ」は「けり」の已然形。

③こそ本意なれ

「こそ本意なれ」が係り結びです。「なれ」は「なり」の已然形。

④ぞ言ひける

「ぞ言ひける」が係り結びです。「ける」は「けり」の連体形。

⑤少しのことにも、先達はあらまほしき事なり

「先達」は「せんだつ」あるいは「せんだち」と読みます。このように、話の終わりに時々、教訓めいたことが書いてあるのが『徒然草』の特徴です。しかし、それはこの段だけ読むからなので、全文を読み通してみると逆に堅苦しい思想や教訓がユーモラスなこぼれ話で具体化されているように感じられます。冒頭の段を「超訳」したように、肩を張らずにこの部分を読んだ方が作者の意図に近いのではないかと思うのですが、いかかでしょう？

いっそ、これがなかったら…（兼好《けんこう》の美意識）

原文

①神無月《かんなづき》のころ、栗栖野《くるすの》といふ所を過ぎて、ある山里にたづ
陰暦十月の頃

ね入ること侍《はべ》りしに、遥《はる》かなる苔《こけ》の細道をふみわけて、心細く
がありましたときに　（庵の主が）

すみなしたる②庵《いほり》あり。木《こ》の葉に埋《うづ》もるる③懸樋《かけひ》の雫《しづく》ならでは、
住みついている　埋まっている　かけいの水の滴《したた》り以外

④つゆおとなふものなし。⑤閼伽棚《あかだな》に菊、紅葉《もみぢ》など折り散らし
少しも音を立てて訪れる者もない　折って散らしてある

たる、さすがにすむ人のあればなるべし。
やはり

かくてもあられけるよと、あはれに見るほどに、かなたの庭
こんなふうにも住んでいられるのだなぁ　向こうの庭に

に大きなる⑥柑子《かうじ》の木《き》の、枝もたわわになりたるが、まわりを
みかんの木で、枝もたわわに実っているのが

きびしく囲ひたりしこそ、少しことさめて、この木なからまし
興ざめがして　この木がなかったなら（よかっ

かばと覚えしか。
たのに）

（第11段）

口語訳▶

陰暦十月の頃、栗栖野という所を通って、ある山里に(人を)訪ねて入っていったことがありましたときに、長く続いた苔の細い道を(庵の主《あるじ》が)踏み分けて、もの寂しく住みついている庵がある。木の葉に埋もれているかけいの水の滴り以外は、少しも音を立てて訪れる者もない。閼伽棚に菊や紅葉を折って(無雑作に)散らしてあるのを(見れば)、やはり住む人がいるからなのだろう(と思われた)。

こんなふうにも住んでいられるのだなぁと、しみじみと感動して見ているうちに、向こうの庭に大きなみかんの木で、枝もたわわに実っているのが、周りを厳重に囲ってあったのは、何とも興ざめがして、(いっそ)この木がなかったなら(よかったのに)と思ったことであった。

ポイントの解説

①神無月《かんなづき》

神無月とは陰暦十月のことです。陰暦とは月の満ち欠けを基準に暦《こよみ》を決めたもの。現在の太陽暦とは約一か月ずれています。ですから、陰暦十月は今の十一月くらいの気候だと考えればよいでしょう。月の名前は古文では次のように呼ばれています。

一月＝睦月《むつき》　二月＝如月《きさらぎ》　三月＝弥生《やよい》　四月＝卯月《うづき》
五月＝皐月《さつき》　六月＝水無月《みなづき》　七月＝文月《ふづき》　八月＝葉月《はづき》
九月＝長月《ながつき》　十月＝神無月《かんなづき》　十一月＝霜月《しもつき》　十二月＝師走《しわす》

②庵《いほり》

粗末な仮小屋の意味です。自分の住まいのことをへりくだってこのように言うことがありますが、ここでは本来の意味の通り、山里にある粗末ではあるけれど情趣のある家のことです。

③懸樋《かけひ》の雫《しづく》

懸樋とは竹などを用いて山から水を引いた樋《とい》のこと。ここではその樋が木の葉に埋もれ、その下からちょろちょろと水が滴っている様子を表しています。

④つゆおとなふものなし

「つゆ＋おとなふ＋もの＋なし」と文法的には分解できます。「つゆ」は副詞で下にある否定の言葉と呼応して「まったく・少しも…ない」という意味になります。「おとなふ」は動詞で「①物音や声をたてる②訪れる・訪問する③手紙をだす」、の意味があります。ここでは①と②の意味を同時に使っていると考えることができます。こういう表現法を「掛詞《かけことば》」と言います(現代風に言ってしまえば「しゃれ」なんですけど…)。そこで、この部分は「おとなふ」を二回訳して「(かけいの水の滴り以外)少しも音を立てて訪れる者もない」としてあります。

⑤閼伽棚《あかだな》

仏に供える水や花を置く棚のことで、おもに室外のすのこの端などに造るものです。「閼伽」とは梵語《ぼんご》(古代インドのサンスクリット語で仏教の経典の原典を記す言葉)で「水」を意味します。

⑥柑子《かうじ》の木の、枝もたわわになりたるが

「柑子」とはみかんの一種。現在、私たちが食べるみかんより実は小さく酸味も強いものです。「柑子の木の」のの は主格の「が」ではなく同格の働きをしています。ですから、しつこく訳

すと「柑子の木で、枝もたわわに実っている木が」となります。古文では「の」をどのように訳すかに注意を払う必要があります。

『徒然草』

鎌倉時代末期の14世紀前半に成立。序段と243段からなります。作者は兼好法師《けんこうほうし》。俗名は卜部兼好《うらべかねよし》。吉田《よしだ》の地に住んでいたこともあるので吉田兼好《よしだけんこう》とも言います。三十歳前後で出家《しゅっけ》（世俗の仕事を離れ、仏に仕えるのに専念すること）したと言われています。時代は鎌倉時代の末期なのですから、「説話集」がさかんに編集されたころで、世の中は激しく揺れ動いています。そんななかで兼好法師は現実を見つめ、無常観に貫かれた思索的な文章をこの作品に残しました。平安時代の貴族文化を手本とするところがあり、中流以上の社会人の望ましい教養、生活態度、美意識を説き勧めたものとして近世には教養書として広く人々に読まれました。しかし、「無常観の文学」としての評価があまりに高いために、この作品のおもしろみが十分に理解されていない面があります。説話集的な要素も多くふくまれ、「説話集」と同時代の作品として見直されてもよいのではないかと思います。

Ⅲ 古文 作り物語・歌物語

ここでは平安時代文学の主流となった「物語文学」の源流とも言うべきひらがなで書かれた作品を二つ取りあげます。ひとつは「作り物語」といって、伝奇的で虚構性の強い作品。もうひとつは「歌物語」で歌が物語の中心になっている叙情的な作品です。どちらも、他の文学作品、絵画、工芸に大きな影響を与えているもので、日本人の基本的な教養と言えるものです。

1 竹取《たけとり》物語

物語の冒頭（かぐや姫の話の始まり）

原文

今は昔、竹取の翁《おきな》といふものありけり。野山にまじりて竹を
野山に分け入って
とりつつ、よろづの事に使ひけり。名をば、さぬきの造《みやつこ》とな
取っては、いろいろなこと
むいひける。その竹の中に、もと光る竹なむ一筋ありける。あ
やしがりて寄りて見るに、筒の中光りたり。それを見れば、三
不思議に思って近寄って見てみると
寸ばかりなる人、いと①うつくしうてゐたり。
かわいらしい様子で座っていた

翁いふやう、「我あさごと夕ごとに見る竹の中に②おはする
おいでになる

にて、③知りぬ。④子となり給《たま》ふべき人なめり。」とて、手に入
わかった　(私の)子となりなさるはずの人のようだ
れて家へ持ちて来《き》ぬ。妻《め》の女にあづけて養《やしな》はす。うつくしきこ
とかぎりなし。いとおさなければ籠《こ》に入れて養ふ。
小さいので

口語訳

今は昔のことであるが、竹取の翁という者がいた。野山に分け入って竹を取っては、いろいろなことに使っていた。名前を、さぬきの造と言った。その竹の中に、根元の光る竹が一本あった。(翁は)不思議に思って近寄って見てみると、竹の中が光っていた。それを(切って中を)見ると、三寸くらい(の背丈)の人が、たいそうかわいらしい様子で座っていた。

翁が言うことには「私が毎朝毎夕に見る竹の中においでになるので、わかったよ。(私の)子となりなさるはずの人のようだ」と言って、手のなかに(その人を)入れて家に持ち帰った。(そして、)妻にあずけて育てさせた。かわいらしいことこのうえがない。たいそう小さいので籠(かご)に入れて育てることにした。

ポイントの解説

①うつくしうてゐたり

「うつくし」は現代語の「美しい」という意味ではなく、「かわいらしい・愛らしい」という意味です。また「ゐ」はワ行上一段活用の動詞「ゐる(居る)」の連用形で……（こういう説明についてこれますか？　わからない人は「古文の基礎」の動詞の活用の箇所を読んでください。それでもわからない人は……気にする

ことはありません。言葉の意味さえわかってくだされぱいいのです)「座る」という意味です。ですから、「かわいらしい様子で座っていた」と口語訳しました。

②おはする

「おはする」とは「おいでになる・いらっしゃる」という意味の尊敬語です。しかし、竹の中に座っていた女の子に「おいでになる」と尊敬語を使うのはちょっと変な気がしますね。しかし、このような尋常でない現れ方をする人(というより神様に近いかも)に対して、ある種の怖れや崇拝の念が湧いたと考えれば、納得がいきます。皆さんはどう思われますか？　こういうことをあれこれ考えられるのが古文を原文で読む楽しさなのです。

③知りぬ

「知る」は現代語の「知る」よりは「わかる・理解する」というニュアンスの方が強い言葉です。また「知りぬ」の「ぬ」は「知り」が連用形なので、否定(打消)ではなく、完了の意味で「～た」と訳します。もし、打消ならば、「知らぬ」となっているはずです。

④子となり給《たま》ふべき人なめり

ここも「給ふ」という尊敬語が使ってあります。また「子《こ》となり」は「籠《こ》となり」とも解釈できるので、掛詞《かけことば》というより「しゃれ」になっているのだとする説もあります(「岩波古典文学大系」の阪倉篤義《さかくらあつよし》の校注)。「なめり」は「なむ＋めり」の撥音便《はつおんびん》(「む」の音を「ン」と撥《は》ねて読むこと)で「～であるようだ・～だと思われる」という意味です。したがって、直訳すると「(竹が籠になるように)(私の)子となりなさるはずの人のようだ」となります。

物語の後半（天からかぐや姫を迎えに来た）

原文

かかるほどに、宵《よひ》うち過ぎて、①子《ね》の時ばかりに、家のあた
こうしているうちに
り昼の明《あか》さにも過ぎて光りわたり、望月《もちづき》の明《あか》さを十《とを》あはせたる
昼の明るさにもまして
ばかりにて、ある人の毛の穴さへ見ゆるほどなり。大空より、
（そこに）いる人　見えるほどである
人、雲にのりており来て、土より②五尺ばかり上がりたるほど
に、立ち連ねたり。これを見て、内外《うちと》なる人の心ども、ものに
立ち並んだ　（家の）内外にいる人の心は
襲わるるやうにて、あひ戦はむ心もなかりけり。からうじて思
応戦しようとする心　やっと気を取り直して
ひ起こして、弓矢をとりてむとすれども、手に力もなくなりて、
構えようとするけれど
なえかかりたり。中に心さかしき者、念じて射むとすれども、
ぐったりして寄りかかっていた　心のしっかりしている者　我慢して射よう
ほかざまに行きければ、③あれも戦はで、④心地ただ痴《し》れに痴
荒々しく戦うこともしないで　気持ちがすっかりぼんやりとし
れて、⑤まもりあへり。
て　互いに見つめ合っていた

口語訳

こうしているうちに、宵も過ぎて、夜中の12時頃に、家のあたりが昼の明るさにもまして一面に光って、満月の明るさを十合わせたほど（の明るさ）で、（そこに）いる人の毛穴さえ見えるほどである。大空から、人が雲に乗って降りてきて、地面から五尺ほどの高さのところに、立ち並んだ。これを見て、（家の）内外にいる（＝警護している）人の心は、何ものかに襲われたようになって、（天から降りて来た人たちに）応戦しようとする心もなかった。やっと気を取り直して、弓矢

を構えようとするけれど、手に力もなくなって、ぐったりして(物に)寄りかかっていた。(そんな)中にも心のしっかりしている者は、我慢して(矢を)射ようとするけれど、(矢は)ほかの方に飛んでいってしまうので、荒々しく戦うこともしないで、気持ちがすっかりぼんやりとして、互いに見つめ合っていた。

ポイントの解説

①子の時

一日を12等分してそれぞれに十二支を当てたのが平安時代の時間です。したがって、「子」の時刻は夜の11時から1時までになります。

②五尺

一尺は約30cm。そうすると、150cmほどの高さのところに天人たちがふわふわと浮かんで立っていたということです。

③あれも戦はで

「あれ」とは「荒れ」だとされています。「で」は打消の接続助詞で「〜ないで・〜ず」の意味です。全体で「荒々しく戦うこともしないで」となります。つまり、激しく戦闘することもなく、完全に人間の方が負けてしまい、実にピースフルに決着がついてしまったということですね。

④心地ただ痴《し》れに痴れて

「痴《し》れ」とは「ぼける・愚かになる」という動詞「痴る」の連用形です。現代語でも「痴れ者」と言ったら「馬鹿者・愚か者」のことです。「ただ…に…」で「ひたすら…になる」という意味があるので、ここは「ひたすら、ぼけにぼけた」というのが直訳です。

⑤**まもりあへり**

「まもる」は「守る」の意味ではありません。もともと「ま(目)＋もる(守る)」の意味です。「目」が「守る」つまり、「見つめる」という意味です。「ま」が目の意味であることは現代語でも「まなこ」「まつげ」「まゆ」「まぶた」などの言葉があることからわかりますね。

このあとの物語…

このあと天人は「かぐや姫は罪をつくりたまへりければ、かく賤《いや》しきおのれがもとにしばしおはしつるなり(かぐや姫は罪をお犯しになったので、このようにいやしいお前のところにしばしおいでになったのだ)」とこれまた、最高の敬意をはらった言い方でことの次第を翁に伝えるのです。かぐや姫は一体天上ではどんな身分で、どんな罪を犯したのでしょう？　しかし、それについては何も述べていません。いろいろ想像することができて、興味がつきませんね。

『竹取物語』

『かぐや姫の物語』、『竹取の翁物語』とも呼ばれ、『源氏物語』のなかで「物語の出《い》で来《き》しはじめの祖《おや》」と言われているほど、当時の人たちにも読まれていました。羽衣伝説をはじめとするさまざまな民間伝承説話を素材にして構成された「作り物語」と言われるもので、現存する最古の作品です。作者は不明、成立年代も不明ですが十世紀初め頃とされています。

2　伊勢《いせ》物語

「東下り」の段（「かきつばた」の五文字を歌に折り込め！）

原文

昔、男《をとこ》ありけり。その男、①身を要《えう》なきものに思ひなして、
我が身を役に立たない者と思い込んで
京にはあらじ、②東《あづま》のかたに住むべき国求めに、とてゆきけり。
住むまい　住むことのできる国を探しに
もとより友とする人、ひとりふたりしていきけり。道知れる
以前から
人なくてまどひいきけり。③三河《みかは》の国八橋《やつはし》といふところにいた
迷いながら
りぬ。そこを八橋といひけるは、水ゆく河のくもでなれば、橋
言ったのは　蜘蛛《くも》の手のようなので
を八つわたせるによりて④なむ、八橋といひける。その沢のほ
とりの木かげに⑤下《お》り居て、⑥かれいひ食ひけり。その沢に⑦か
（馬から）降りて腰をおろして　干《ほ》し飯《いい》を
きつばたいとおもしろく咲きたり。

それを見て、ある人のいはく、「かきつばたといふ五文字を
⑧句のかみにすゑて、旅の心をよめ」といひければ、よめる。
それぞれの句の最初に使って、

⑨唐衣《からころも》きつつなれにしつましあれば

はるばるきぬる旅をしぞ思ふ

とよめりければ、⑩みな人かれいひの上に涙落としてほとびに
そこにいた人は皆　ふやけてしまった
けり。

（第９段の一部）

口語訳 ▶

昔、(ひとりの)男がいた。その男は、我が身を役に立たない(つまらない)者と思い込んで、(もう)都には住むまい、東国の方に(自分のような者でも)住むことができる国を探しに(行こう)、と思って出かけた。

以前から(親しんでいた)友達である人、一人二人と一緒に出かけた。道を知っている人もなくて迷いながら行った。(そして)三河の国八橋というところに着いた。そこを八橋と言ったのは、水の流れて行く河が蜘蛛の手のように八方に分かれているので、橋を八つかけ渡してあることから、八橋と言ったのである。(一行は)その沢のそばの木陰に(馬から)降りて腰をおろして、干し飯を食べた。その沢にはかきつばたがたいそう美しく咲いていた。

それを見て、(一行のなかの)ある人が言うには、「かきつばたという五文字をそれぞれの句の最初に使って、旅の心を歌に詠め」と言ったので、詠んだ。

(都には、)着なれた唐衣のようになれ親しんだ妻がいるので、はるばる遠くまでやって来た旅を(わびしく)思う

と詠んだので、そこにいた人は皆干し飯の上に涙を落として(干し飯は)ふやけてしまった。

ポイントの解説

①身を要《えう》なきものに思ひなして

「身」というのは「からだ」ではなく、古文では「自分自身」のことです。また「思ひなす」の「なす」は「意識的にそうする」というニュアンスです。現代語でも「見なす」という言い方がありますね。

②東《あづま》のかた

「東の方」とは関東地方ということ。都から東に行くというのは「都落ち」です。何らかの不都合があって都に住めなくなったのでしょう。中央にいる貴族にとって、都を離れるのはかなりつらいことであったはずです。

③三河《みかは》の国八橋《やつはし》

現在の愛知県の東部にある知立《ちりゅう》市のあたりと言われています。旧東海道の宿場でもありました（実は筆者の友人が住んでいて、筆者はここの「大あんまき」という和スイーツが好物です）。もちろん、今でもここのカキツバタは美しいです。

④なむ、八橋といひける

「なむ…ける」が係り結びです。強調のニュアンスを感じ取ってください。

⑤下り居て

「下り」とは「馬から降りる」こと。「居《ゐ》る」は「座《すわ》る」です。

⑥かれいひ

「仏を射った猟師」の話でも出てきました。いったん炊いた飯《めし》を乾燥させて、いつでも水を加えれば食べられるようにしたものです。ちなみに、平安時代には、まだ茶はありませんから「お茶漬け」はありません。「水漬け」か「お湯漬け」にして食べていました。

⑦かきつばた

アヤメ科の多年草。水湿地に生え、葉は剣状で幅広く、初夏に青紫や紫の花が咲きます。

⑧句のかみにすゑて

和歌は「五・七・五・七・七」の音節で作られ、前半の「五・七・五」を上《かみ》の句、後半の「七・七」を下《しも》の句と言います。ここでは「句のかみにすゑて」というのですから、「か・き・つ・は・た」をそれぞれの「五・七・五・七・七」の句の最初の音節(文字)にせよということです。このような技法を「折《お》り句」と言います。ちなみに、古文では濁点を文字につけませんから、「ば」に「は」を使っても「ば」と理解されて、認められます。

⑨唐衣《からころも》きつつなれにしつましあればはるばるきぬる旅をしぞ思ふ

全部ひらがなで濁点を付けずに書くと「からころも/きつつなれにし/つましあれは/はるはるきぬる/たひをしそおもふ」となり、たしかに「かきつはた」が折り句になっていますね。「唐衣」とは唐風(=中国風)の衣服のことです。「唐衣きつつ」までが序詞《じょことば》と言って次の「なれ」という言葉を引き出す働きをしています。直接歌の内容には関係のない、いわば、アクセサリーのような言葉です。「なれ」は「馴《な》れ親しんでいる」という意味と「萎《な》れてくたくたになっている」という二つの意味をもつ掛詞《かけことば》掛詞《かけことば》(懸詞)です。掛詞はここだけではありません。「つま」が「妻」と「褄《つま》(衣服の部分の名称)」、「はるはる」が「遥々」と「張る張る」の掛詞になっています。さらにまた、「唐衣」「着」「萎れ」「褄」「張る」という言葉は衣服に関係する言葉なので、これらを縁語《えんご》と言います。この歌は旅先で都のことをしのぶ内容をちゃんと述べながら、折り句、序詞、掛詞、縁語という和歌の技法のてんこ盛り(!)である点がスゴいのです。和歌の技法に関しては次の「和歌文学」のところでもう少し詳しくお話しします。

⑩みな人

「人々が皆」ではなく、「皆の人」という意味です。同じようですが、違います。あくまで、「旅をしている一行のその場にいた皆の人たち」ということです。

『伊勢物語』

「歌物語」と呼ばれるジャンルの作品。作者も成立年代も不明ですが、10世紀前半ごろの成立とみられています。歌を中心とした短い話が120ほど集められています。話は「昔、男」ではじまるものが多く、その男の元服《げんぷく》から臨終《りんじゅう》のときの話まで入っています。また在原業平《ありわらのなりひら》の歌が多く含まれていることから、業平をモデルにした一代記のような構成になっています。ここには採りませんでしたが、恋愛に関する話と歌が多く、雅《みやび》な平安貴族的世界が描かれています。多くの人に親しまれ、さまざまなジャンルに大きな影響を与えていました。冒頭の「昔、男ありけり」の「けり」は過去の意味ですが、自己の体験ではなく、他から伝聞した過去の事柄を回想するニュアンスがあります。ですからこの「昔、男ありけり」は正確にニュアンスを生かして訳すと「昔、ある男がいたというそうだ」となります。

もうお気づきですか？　『竹取物語』の冒頭も「今は昔、竹取の翁といふものありけり」となっていました。物語はこんなふうに伝聞的にはじめることが多いのです。

Ⅳ 古文 和歌文学

「和歌」とは、ここでは「漢詩」とは異なった日本独自の仮名による韻《いん》文を指します。古典では、一般的に「歌」と言えば「和歌」、「詩」と言えば「漢詩」を指します。「短歌」（5・7・5・7・7の音律）は本来「長歌《ちょうか》」（5・7／5・7／…5・7／7の音律）、「旋頭歌《せどうか》」（5・7／7、5・7／7の音律）と同じように歌体（歌の形式）を指す言葉です。ところが、明治時代になって正岡《まさおか》子規《しき》が旧来の「和歌」の伝統の刷新をめざして「短歌」という言葉に新しい意味をもたせました。そこで今では「短歌」は近代的な短詩型文学作品のことを意味するようになりました。「古典」の世界では歌の形式を意味するときにしか、この「短歌」という言葉は使いません。

ここでは古典の代表的な歌集、『万葉集《まんようしゅう》』『古今和歌集《こきんわかしゅう》』『新古今和歌集《しんこきんわかしゅう》』に載せられている代表的な歌を取りあげることにします。

1 『万葉集』

奈良《なら》時代末期（8世紀後半）に成立したと考えられています。現存する最古の歌集で20巻から成り、約4500首の作品が収められています。採録されている作品の年代は４世紀頃から８世紀後半まで約450年にわたり、作者も天皇から詠み人知らずまで、内容も東歌《あづまうた》のような民謡的なものまで実に広い範囲のものです。編者は不明ですが最終段階では大伴 家持《おおとものやかもち》がかかわったと考えられています。
（※成立時期については諸説あります）

原文

春過ぎて　夏来《きた》るらし　白たへの　衣干《ころもほ》したり　①天《あめ》の香具山《かぐやま》

（夏来るらし：夏が来たらしい／白たへの：真っ白な／たり：てある）

②持統《じとう》天皇

口語訳

春が過ぎて、夏が来たらしい。（夏の装いである）真っ白な衣が干してある。あの天の香具山に。

ポイントの解説

①天の香具山

畝傍《うねび》山、耳成《みみなし》山とともに大和《やまと》三山と呼ばれています。「天の」は美称《びしょう》と言い、ほめる言い方。香具山が天から降《くだ》されたという伝説にちなんでこのように言います。

②持統天皇

第41代の天皇（在位690～697）。天智《てんじ》天皇の第二皇女で天武《てんむ》天皇の皇后。飛鳥《あすか》時代の人。

鑑　賞

「はるすぎて」(五音)「なつきたるらし」(七音)でひとまとまり、「しろたへの」(五音)「ころもほしたり」(七音)で意味がひとまとまりになっています。このような音律を「五七調《ごしちちょう》」と呼びます。重厚さや力強さを感じさせる効果があります。二句目と四句目で意味が切れているので「二句、四句切れ」とも言います。『万葉集』にはこのような調子の歌が多くあります。さらに「天の香具山」と名詞で歌が終わっています。この表現技法を「体言止め」と言い、余情を生みます。また、香具山の新緑と衣の白との色彩の対比が鮮やかで、初夏のすがすがしい季節感をズバッと表しています。

なお、この歌は『新古今和歌集』や『小倉《おぐら》百人一首』にも採られていますが、そこでは「春過ぎて　夏来《き》にけらし　白たへの　衣干すてふ　天の香具山」となっています。「来にけらし(来てしまったらしい)」「干すてふ(干すと言われている)」という伝聞(誰かから伝え聞いたこと)の表現になっているのです。そのため、『万葉集』の歌の直接自分が見た感動を歌にした力強さと比べると『新古今和歌集』の歌は優しく繊細な感じがします。

原文

①君待つと　吾《あ》が恋ひをれば　我が②やどの　すだれ動かし
（あなたを待って）（私が恋しく思っていると）（家の(戸口の)）
秋の風吹く

③額田《ぬかた》王《のおおきみ》

口語訳▸

あなた(がおいでになるの)を待って、私が恋い慕っていると私の家の(戸口の)すだれを動かして秋の風が吹くことです。

ポイントの解説

①君

天智天皇のことです。「君」とは『万葉集』の時代には女性から男性を呼ぶときに用いた尊敬の人称代名詞です。男性から妻や恋人を呼ぶときには「妹《いも》」を用いました。

②やど

「やど」とは住む所、自宅の意味です。旅先で泊まる所という意味ではあまり使いませんでした。

③額田王

鏡王《かがみのおおきみ》の娘で、はじめ大海人皇子《おおあまのおうじ》(後の天武天皇)に愛されて十市皇女《とおちのひめみこ》を生み、のち中大兄皇子《なかのおおえのおうじ》(天智天皇・天武天皇の兄)から寵愛《ちょうあい》されました。生没年、人物像はよく分かっていませんが、万葉集の代表的な女流歌人です。情熱的で格調の高い歌が特色です。

鑑　賞

「相聞《そうもん》」という男女の恋の歌をまとめた部立《ぶたて》(分類)に入っている歌。恋しい人を待っているとザワザワと戸口に音がして「あっ、あの人が来たのかしら!」と思うと、空《むな》しく秋風が吹くだけだった、ということ。今でも十分ありそうな状況です。

原文

①近江《あふみ》の海《み》　②夕波千鳥《ゆふなみちどり》　汝《な》が鳴けば　心も③しのに

お前が鳴くと　心しんみりと

④古思《いにしへ》ほゆ

昔のことをいろいろ思い出してしまうよ

⑤柿本人麻呂《かきのもとのひとまろ》

口語訳

近江の海の夕波千鳥よ。お前が鳴くと心しんみりと昔のこと(＝ここに都があった当時のこと)をいろいろ思い出してしまうよ。

ポイントの解説

①近江の海

琵琶《びわ》湖のこと。天智天皇は琵琶湖のほとりの大津《おおつ》に667年、大和からここに都を移しました。しかし、4年ほどで亡くなり、壬申《じんしん》の乱(天智天皇の弟である大海人皇子と天智天皇の子である大友皇子《おおとものおうじ》の争い)が起こった後、勝者の大海人皇子は飛鳥浄御原《あすかきよみがはら》に都を移し、そこで即位して天武天皇となりました。人麻呂が大津宮の跡を訪れたのは壬申の乱から20年くらい後のことで、既にすっかり荒れ果てていました。

②夕波千鳥

「夕方、波打ち際《ぎわ》で餌《えさ》をあさりながら鳴いている千鳥」という意味です。

③しのに

『万葉集』の時代に使われた副詞で「心がしんみりするさま」を

表します。

④**古思ほゆ**

「古」とはここに都があった当時のこと。「思ほゆ」の「ゆ」は万葉集の時代の言葉で、「自然に…される。…ないではいられない」という自発の意味をもつ助動詞です。したがって、ここを直訳すれば、「昔のことを思わないではいられない」となります。

⑤**柿本人麻呂**

生没年未詳。経歴や伝記も明らかではありません。『万葉集』によってわずかにその生涯がつかめる程度です。持統・文武《もんむ》天皇の時代に舎人《とねり》(貴人のそばで雑事や警護をする者)として仕えたと考えられています。『万葉集』の代表歌人であるだけでなく、和歌史上の第一人者で「歌聖」と呼ばれています。叙情的で荘重、スケールの大きな歌が特色です。

鑑賞

この歌だけではなく、「近江の荒れたる都を過ぎるときに」と題された長歌もあります。湖のほとりに立ち、千鳥の哀《かな》しげな鳴き声を聴きながら、しみじみと人の営みのはかなさを思っている人麻呂の姿が浮かんできます。

原文

①多摩《たま》川に　さらす手作り　②さらさらに　③なにそこの児《こ》の
（手作りの布(のように)　今さらに　どうしてこの娘が）

④ここだかなしき
（こんなにもかわいいのか）

⑤東歌《あづまうた》

口語訳▶

多摩川で(さらさらと)さらす手作りの布のように、今さら(言うまでもなく)どうしてこの娘がこんなにもいとしくかわいらしく思えるのか。

ポイントの解説

①多摩川に　さらす手作り

「さらさらに」に係る序詞。「序詞」とは前にも述べたように、表現しようとする語句を導き出すためにその語句の直前に置き、表現をより効果的にする言葉です。「枕詞《まくらことば》」が五音であるのに比べて、音数に制限がなく、二句以上に及ぶことが原則です。また、枕詞が伝承的・固定的であるのに対して、創作的・即興的・具体的である点に特徴があります。「さらす手作り」とは、白い布を川で洗い、漂白して、乾かす作業のことです。

②さらさらに

副詞の「今さら・改めて」という意味と布をさらす作業の「さらさら」という擬態語的な意味の二つの意味を兼ねた掛詞《かけことば》になっています。

③なにそこの児の

「なにそ」は「なんぞ」と同じ意味で「どうして」ということ。「この児」は「子ども」というより、「この(かわいい)娘さん」という意味だとされています。

④ここだかなしき

「ここだ」は『万葉集』の時代の言葉で、動詞を修飾して「こんなのもたくさん」とか、形容詞を修飾して「こんなにもひどく・はなはだしく」とかいう意味があります。「かなしき」は現代語の「悲しい」という意味ではなく、「いとしい・心ひかれる」という意味です。したがって、ここは「こんなにもはなはだしくいとしいよ」と直訳できます。

⑤東歌《あづまうた》

『万葉集』の時代の東国（関東）地方の歌で、農民の素朴な民謡風な恋愛歌が多くあります。東国地方の方言が使われていたり、日常生活をもとにした比喩《ひゆ》が多いのが特色です。

鑑　賞

この歌は、布をさらしながら歌う労働歌だったとされています。「さらす」「さらさら」という音の反復を楽しみながら、恋人がいとしくてたまらないという気持ちを率直に歌っています。

2 『古今和歌集』

905年、醍醐《だいご》天皇の命によって紀友則《きのとものり》、紀貫之《きのつらゆき》、凡河内《おおしこうち》躬恒《のみつね》、壬生忠岑《みぶのただみね》が撰びました。このように天皇の命(勅《ちょく》命《めい》)によって撰ばれた歌集を「勅撰集《ちょくせんしゅう》」と言います。巻数20巻、1000首を超える歌が収められています。巻頭に紀貫之による仮名序《かなじょ》(ひらがなで書かれた序文)、巻末に紀淑望《きのよしもち》による真名序《まなじょ》(漢字で書かれた仮名序と同じ内容の序文)があります。略称を『古今集』と言います。

原文

①霞《かすみ》立ち　木の芽も　②はるの雪降れば　花なき里も

張る・春　ない

③花ぞ散りける　④紀貫之

だなあ

口語訳

霞が立ち、木々の若芽も張るような春(が訪れたところ)に雪が降ったので、花がまだ咲かないこの里でも花(に見まがうような雪)が散っていることだなあ。

ポイントの解説

①霞立ち　木の芽も

次に来る「はる」という言葉を引き出すための序詞です。

②はる

木の芽が「張る」と季節の「春」の二つの意味がある掛詞です。

③花ぞ散りける

「ぞ…ける」が係り結びです。また歌の中で用いられる「けり」は「～た」という過去の意味ではなく、「～だなあ」という詠嘆の意味で使われます。「花」は平安時代の文章や歌においてはほとんど桜の花のことです。一般的な草木の花ではありません。

④紀貫之

生没年未詳。９世紀から10世紀にかけての人。『土佐《とさ》日記』の作者でもあります。『古今和歌集』の撰者の一人。『古今和歌集』に収められている歌数は102首で全体の１割程度になる中心的な歌人です。理知的、分析的な歌風で、和歌・歌論・仮名文学などの多くの方面で果たした役割は大きいものがあります。

鑑　賞

序詞、掛詞が使われているうえに下の句の四、五句では春の季節に舞う雪を花に見立てています。このように『古今和歌集』の歌は率直に自分の感情を歌にする『万葉集』と比べて技巧的・理知的な歌が多いのが特徴です。

原文

秋来《き》ぬと（来た）　目にはさやかに（はっきりと）　①見えねども（ないけれど）　風の音にぞ

②おどろかれぬる（はっと気付いてしまうものだよ）

③藤原《ふじわらの》敏行《としゆき》

口語訳

秋が来たと(景色は)目でははっきりと見えないけれど、風の音(を聴くと)はっと(秋の訪れに)気付いてしまうものだよ。

ポイントの解説

①見えねども

「見え＋ね＋ども」と、品詞分解できます。「ね」は打消の助動詞の「ず」の已然形です。したがって「見えないけれど」となります。

②おどろかれぬる

「おどろか＋れ＋ぬる」と品詞分解できます。「おどろく」は「はっと気付く・注意を引かされる」の意味です。その後ろにある「れ」は助動詞「る」の連用形で、自発(自然に〜してしまう)の意味があります。また「ぬる」は完了(〜した)の意味ですが、前に「ぞ」があるために係り結びになって終止形「ぬ」が連体形の「ぬる」に変化しています。係り結びによって「風の音」を引き立て、強調しています。

③藤原敏行

生没年未詳。平安前期の歌人です。能書家(字の上手な人)としても知られています。

鑑　賞

秋の訪れを視覚ではわからないけれど、聴覚で感じ取れると歌っています。繊細な感覚で鋭く季節の変化を捉えた歌です。たしかに夏の終わりにはこのような感じになることがありますね。この時代の歌の特徴がはっきり出ている名歌と言えるでしょう。

原文

思ひつつ　①寝《ね》ればや人の　見え②つらむ　夢と知りせば

思いながら　寝たので　たのだろうか　知っていたなら

③覚めざらましを

なかっただろうに

④小野《おのの》 小町《こまち》

口語訳

（あの人のことを恋しく）思いながら寝たので、（あの人が夢の中で）見えたのだろうか。もしそれが夢だと知っていたなら、目を覚まさなかっただろうに。

ポイントの解説

①寝ればや

「寝れ」はナ行下二段動詞「寝（ぬ）」（現代語では「ねる」と言いますが古文では「ぬ」だけで＜寝る＞という意味になります）の已然形。「ば」を伴って「寝たので」という意味になります。「や」は間投助詞といって、軽い感動を表します。したがって、この「や」を訳すことはできません。

②つらむ

「つ」は瞬間的な完了を表します。恋人の姿が瞬間的に「見えた」というのです。目を覚ます前に見たものは誰でもこんなふうに瞬間的に現れたように感じられますよね。「らむ」は現在の原因推量などと文法では説明します。恋人が見えた理由（第一句、二句）が推量であることを示しているのです。

③覚めざらましを

「まし」は反実仮想の助動詞と呼ばれ、現実と反することを想像して「もし…だったら～したのに」という意味があります。ここでは、「もし夢だと知っていたら(あの人にずっと会っていたいから)目を覚まさなかったのに」ということになります。切ない女心です。

④小野小町

生没年未詳。平安時代前期の女流歌人。恋の歌が多く、絶世の美人だが晩年は不幸であったなどの伝説が残されています。

鑑　賞

三句目(上の句)で内容がひとまず、まとまっているので、三句切れの歌です。当時、人を思いながら眠るとその人が夢に現れると考えられていました。せめて夢のなかで、会えない人に会いたいという思いは、恋人に限らずいつの世でも変わらない願いなのでしょう。

3 『新古今和歌集』

鎌倉時代前期に後鳥羽院《ごとばいん》の院宣《いんぜん》により、源通具《みなもとのみちとも》・藤原有家《ありいえ》・藤原定家《さだいえ》・藤原家隆《いえたか》・藤原雅経《まさつね》・寂蓮《じゃくれん》の六人によって撰ばれた勅撰集で、1205年に成立。20巻に約2000首が収められています。当時の政治情勢を反映して、華やかな平安王朝時代への回顧とあこがれから、現実を直視するよりも観念的な美の世界にふける歌が多いのが、この歌集の特色です。また修辞も従来の掛詞、縁語、序詞のほかに有名な古歌や詩句を連想させる本歌取り、余韻を深めるために名詞で終わる体言止めが多用されています。

原文

見わたせば　花ももみぢも　なかりけり（ないことだなあ）　①浦《うら》の苫屋《とまや》の（海辺の粗末な小屋）
秋の夕暮れ

②藤原定家

口語訳

（はるかに）見渡すと、（美しい春の）花も（秋の）もみじも（何も）ないことだなあ。海辺の粗末な小屋だけが立っている、この秋の（寂しい）夕暮れは。

ポイントの解説

①浦の苫屋

「浦」とは海や湖などが曲がって陸地に入り込んだところのこ

と。「苫屋」とは菅《すげ》や茅《かや》で編んだ漁夫の住む粗末な家のこと。

②**藤原定家**

1162年～1241年。「さだいえ」が正しい読み方ですが、「ていか」と読むのが一般的です。平安時代末期から鎌倉時代にかけて活躍した『新古今和歌集』を代表する歌人です。父も歌人として有名な藤原俊成《しゅんぜい》。俊成の歌は「幽玄体《ゆうげんたい》」と言われましたが、それを一歩進め「有心体《うしんたい》」という歌風を唱えました。日記、歌論、平安時代の物語の書写（本を書き写して後世に伝えること）など、日本の古典文学に大きな役割を果たしています。

鑑　賞

三句切れの歌。また「秋の夕暮れ」という名詞で終わる体言止めの技法が使われています。上の句で「見わたせば花ももみぢもなかりけり」と花や紅葉がないと否定的に歌われていますが、読む者にとってはまず花の咲く風景、紅葉の美しい風景がイメージされているはずです。そのうえでその風景を否定するので、イメージの残像があるところに、海辺の苫屋が描かれることになります。このダブルイメージで寂寥《せきりょう》とした秋の風景が印象的なものになっていると言えるでしょう。

原文

①玉《たま》の緒《を》よ　②絶えなば絶えね　ながらへば　③忍ぶることの　④弱りもぞする

①私の命よ　②絶えてしまうならば絶えてしまえ　③恋心を秘める力　④弱くなって困る（から）

⑤式子内親王《しょくしないしんのう》

口語訳▶

私の命よ、絶えてしまうならば絶えてしまえ。(このまま生き)ながらえていたならば、(人に知られまいと自分の内にだけ)恋心を秘める力が弱くなって(秘めた恋心が外に現れてしまいそうで)困るから。

ポイントの解説

①玉《たま》の緒

本来は玉を貫くひものこと。「霊(たま)の緒」の意味から「生命」の意味になりました。

②絶えなば絶えね

「絶ゆ」というヤ行下二段動詞の連用形「絶え」に完了の助動詞「ぬ」の未然形が続き、それに「ば」が接続して仮定条件となり、「もし絶えてしまう(=無くなってしまう)ならば」という意味になりました。「絶えね」の「ね」は完了の助動詞「ぬ」の命令形なので「絶えて(無くなって)しまえ！」という意味です。

③忍ぶることの

「忍ぶ」とはここでは「包み隠す・秘密にする」の意味で用いられています。恋心を誰にも知られないように隠しているということです。

④弱りもぞする

「…もぞ＋連体形」で「…すると困る・大変だ」の意味になります。したがって、「弱ると困る」という訳になります。

⑤式子内親王《しょくしないしんのう》

生年未詳～1201年。平安時代末期から鎌倉時代の人。後白《ごしら》河《かわ》天皇の皇女。「しきしないしんのう」とも読まれます。

鑑　賞

二句切れの歌。ずいぶんしつこい口語訳をしました。詞書《ことばがき》(歌の前にその歌がどのような状況で詠《よ》まれたかを説明するところ)に「忍恋《しのぶこい》を」とあるので、思う相手にも自分の恋する思いを打ち明けない恋(今で言うところの「告《こく》らない恋」)を詠んだものです。このような内にこもる強い恋の心を歌にすることは『万葉集』の時代にはなかったことです。ところが『新古今和歌集』の時代にはさかんに詠まれます。やはり歌いぶりにも時代状況が反映されているようです。さて、現代はどうなのでしょう？　案外、今でもこんな恋を中学生や高校生はしているのかもしれませんね。

原文

道の辺《べ》に　清水《しみづ》流るる　柳陰《やなぎかげ》　①しばしとてこそ
道のほとり　柳の木陰　ほんの少しと思って

立ちどまりつれ　②西行《さいぎょう》
立ち止まったのに

口語訳

道のほとりに清らかな水の流れている柳の木陰。ほんの少し(休もう)と思って立ち止まったのに(涼しさについ長居をしてしまったよ)。

ポイントの解説

①しばしとてこそ立ちどまりつれ

「こそ…つれ」で係り結びですが、逆接の詠嘆の意味が生まれています。したがって、「しばしと思って立ち止まったけれど…。」ということになります。この「…」の部分を言葉にすれば「つい長くその場にいてしまった」となるので、それを口語訳に反映させてあります。

②西行《さいぎょう》

1118年～1190年。「西行」は出家《しゅっけ》(世俗の職や家族を捨てて仏門に入ること)した後の名前。俗名は佐藤義清《さとうのりきよ》といいました。鳥羽《とば》上皇の北面の武士(院の御所の北の方面に仕え、宮中警護を任務とする武士のこと)でしたが、二十三歳の時、出家をしました。諸国を旅して自然に親しみ、名歌を多く残しています。後の宗祇《そうぎ》、芭蕉《ばしょう》らに大きな影響を与えました。

鑑　賞

三句切れの歌。上の句の三句で実際の風景をうたい、下の句の二句で作者の行動を述べています。暑い夏の日盛りを歩いてきた西行にとって、清水の流れる緑の木陰はほっと息をつける場所であったのでしょう。旅の途中の西行と自然との関係がやさしい言葉で表された、西行にしか作れない歌です。

Ⅴ 古文 その他のジャンル

日本の古典のジャンルはここまで紹介してきたものにとどまりません。平安時代には「日記文学」や「歴史物語」がさかんになります。芸能の分野では中世から近世にかけて「能・狂言」「浄瑠璃《じょうるり》」「歌舞伎《かぶき》」、韻文学では「連歌《れんが》」や「歌謡《かよう》」が室町時代にはさかんになります。また、近世（江戸時代）になると庶民を対象とした「読本《よみほん》」「洒落本《しゃれぼん》」「人情本《にんじょうぼん》」がさかんに出版されるようになります。この本ではそれらをすべて紹介することができないので、ここでは鎌倉時代の「軍記物語」と江戸時代初期の「紀行文」の二つを取りあげることにします。いずれも、現代の日本文学に今も影響を与え続けている作品です。

1 『平家物語』

冒頭の部分（そらで言える人が最も多い古文）

原文

①祇園精舎《ぎをんしやうじや》の鐘《かね》の声《こゑ》、　②諸行《しやぎやう》無《む》常《じやう》の響《ひび》きあり。

③沙羅《しやら》双樹《さうじゆ》の花の色、盛者必衰《じやうしやひつすい》の理《ことわり》をあらはす。

おごれる人も久しからず、ただ④春の夜《よ》の夢のごとし。

（おごれる人：おごり高ぶっている人）（ごとし：ようだ）

たけき者もつひには滅びぬ、ひとへに風の前の塵《ちり》に同じ。

勇猛な者　結局は滅びてしまう　まるで

口語訳

祇園精舎の鐘の音（に）は、諸行無常、すなわちこの世のすべての現象は変化してとどまることがないという（思いを告げ知らせる）響《ひび》きがある。（また、釈迦《しゃか》の入滅《にゅうめつ》と同時に色あせたといわれる）沙羅双樹の花の色は、盛んな者も必ず衰えるものであるという道理を表している。（このようなことから）今、おごり高ぶって（得意になって）いる人も、それほど長く続くことはなく、まるで春の夜の夢のよう（にはかないもの）だ。また、（勢いが盛んで）勇猛な者も、結局は滅びてしまう。（その様子は）まるで風の前にある（どこかへ吹き飛ばされてしまう）塵と同じである。

ポイントの解説

①祇園精舎《ぎをんしゃうじゃ》

「祇園精舎」とは古代インドの須達多《すだった》というお金持ちが釈迦のために建立したお寺のことです。そのなかに無常堂という病僧を収容する建物があり、四隅に鐘が掛けられていました。その鐘は病僧が死んだときには自然に鳴ったという伝説があります。

②諸行無常《しゃぎゃうむじゃう》

この世のすべての現象はうつり変わるということ。釈迦の入滅（＝亡くなること）のときを記した「涅槃《ねはん》経」という経典のなかにある言葉です。

③沙羅双樹《しゃらさうじゅ》

「沙羅」は梵語《ぼんご》（古代インドの言葉）で「高遠」という意味です。インド原産の常緑樹で高さ30メートルにもなり、他の木をしのぐ高さを誇るそうです。釈迦が入滅するときには四方に２本ずつ生えていたこの木がたちまち枯れて白くなったと言われています。

④春の夜の夢

夢は目が覚めると消えてしまうはかないものです。春の夜もすぐ夜が明けてしまうものです。この両方を合わせた「はかないもの」をたとえる定番の比喩《ひゆ》です。「風の前の塵」「朝顔の露」なども、はかないものの定番のたとえです。

鑑　賞

『平家物語』の文章は漢文の要素と日本の伝統的な文章とが調和して結びついた「和漢混淆《こんこう》文」で作られています。特に冒頭の部分は、対句《ついく》表現が多く七五調の文章なので、リズム感があります。それは『平家物語』が、琵琶《びわ》をかき鳴らしながら声を出して演じた平曲によって伝えられてきたものだからです。そのため、語られている「無常観」も内向的ではなく、男性的な潔さのようなものが感じられませんか？

対句表現になっている箇所は次の通りです。

祇園精舎の鐘の声、諸行無常の響きあり。

↕　↕　↕　↕

沙羅双樹の花の色、盛者必衰の理をあらはす。

おごれる人も久しからず、ただ春の夜の夢のごとし。

↕　↕　↕　↕　↕

たけき者もつひには滅びぬ、ひとへに風の前の塵に同じ。

①敦盛《あつもり》の最期(「さっさと首を取れ！」)

一《いち》の谷《たに》の合戦で源氏が勝ち、平家を海辺まで追い込みました。ちょうどそのとき、源氏の武将熊谷《くまがいの》 次郎直実《じろうなおざね》は船に乗り海に出ようとする平家の武将を発見します。次の文章はそれに続く場面です。

原文

汀《みぎは》にうち上がらんとするところに、おし並べてむずと組んで
(平家の武将が)波打ちぎわに　(熊谷は)馬を並べて

どうど落ち、とつておさへて首をかかんと甲《かぶと》を押しあふのけて
どっと　首を取ろうと　ぐっと仰向けて

見ければ、年十六七ばかりなるが、②薄化粧《うすげしやう》して③かねぐろなり。
お歯黒をしている

わが子の小次郎《こじろう》がよはひほどにて、④容顔まことに美麗《びれい》なりけ
年齢ほどで　顔かたち

れば、いづくに刀を立つべしともおぼえず。
突き刺してよいかわからない

「そもそもいかなる人にて⑤ましまし候《さうら》ふぞ。名のらせたま
いったいどういう(御身分の)方　いらっしゃいますか

へ。助けまゐらせん」と申せば、「なんぢはたそ」と問ひたまふ。
お助け申しあげましょう　お前は誰か

「⑥物そのもので候はねども、武蔵《むさし》の国の住人、熊谷次郎直実」
たいした者ではありませんが

と名のり申す。

「さては、⑦なんぢにあうては名のるまじいぞ。なんぢがた
お前に向かっては名のるまいぞ

めにはよい敵《かたき》ぞ。名のらずとも首をとって人に問へ。⑧見知ら
(私のことを)

うずるぞ」とぞのたまひける。
見知っている者があるだろう

熊谷、「あつぱれ、大将軍や。この人一人討ちたてまつりたりとも（討ち取り申しあげても）、負くべきいくさに勝つべきやうもなし（はずもない）。また討ちたてまつらずとも、勝つべきいくさに負くることも⑨よもあらじ（まさかあるまい）。小次郎が⑩薄《うす》手《で》負うたる（軽い傷を負ったの）をだに、直実は心苦しう（つらく）こそ思ふに、この殿の父、討たれぬ（討たれた）と聞いて、いかばかり嘆きたまはんずらん（お嘆きなさることだろう）。あはれ助けたてまつらばや（ああお助け申しあげたい）」と思ひて、後ろをきつと（さっと）見ければ、⑪土《と》肥《ひ》、梶原《かぢはら》五十騎ばかりつづいたり。

【中略】

「ただ⑫とくとく（（敦盛は）早く早く）首をとれ」とそのたまひける。熊谷あまりに⑬いとほしくて（かわいそうなので）、いづくに刀を立つべしともおぼえず、⑭目も（目も）くれ心も消えはてて（くらみ人心地もなくなり）、前後不覚におぼえけれども、さてしもあるべきことならねば（そのようにもしていられないので）、泣く泣く⑮首をぞかいてんげる（首を取ってしまった）。

口語訳

（平家の武将が）波打ちぎわに上がろうとするところを、（熊谷は）馬を並べてむずと組みあい、どっと落ちて、押さえつけて首を取ろうとかぶとをぐっと仰向けて（顔を）見たところ、年は十六・七で、薄化粧をしてお歯黒をしている。わが子の小次郎の年齢ほどで、顔かたちがたいへん美しいので、どこに刀を突き刺してよいかわからない。

（熊谷が）「いったいどういう（御身分の）方でいらっしゃいますか。お名のりください。お助け申しあげましょう」と申しますと、「お前は誰か」とお尋ねになる。「たいした者ではありませんが、武蔵の国の住人、熊谷次郎直実」と名のり申しあげる。

「では、お前に向かっては名のるまいぞ。(私は)お前にとってはよい敵だ。(私が)名のらなくても首を取って人に尋ねなさい。(私のことを)見知っている者があるだろう」とおっしゃった。

熊谷は、「ああ、(立派な)大将軍だ。この人一人討ち取り申しあげても、負けるはずの戦いに勝つはずもない。また、討ち取り申しあげなくても、勝つはずの戦に負けるはずもまさかあるまい。小次郎が軽い傷を負ったのさえ、(親の)直実はつらく思うのに、この殿の父は、(この殿が)討たれたと聞いて、どれほどお嘆きなさることだろう。ああ、お助け申しあげたい」と思って、後ろをさっと振り返ったところ、(自分の味方の)土肥、梶原の五十騎ほど(の軍勢)が続いて来る。

【中略】

(敦盛は)「ただ、早く早く首を取れ!」とおっしゃった。熊谷は(この若い武将が)あまりにかわいそうなので、どこに刀を立ててよいかもわからず、目もくらみ人心地もなくなり、前後不覚に思われたが、そのようにもしていられないので、泣く泣く首を取ってしまった。

ポイントの解説

①敦盛《あつもり》

平 忠盛《たいらのただもり》の孫で、平清盛《きよもり》の甥《おい》にあたる。この話のあと敦盛が笛を携えていたのを熊谷は発見し、彼が笛の名手であったことを知ります。

②薄化粧《うすげしょう》して

平安時代の白河《しらかわ》天皇の頃から公卿《くぎょう》たちは女性にならって化粧をするようになります。平家の人々もその風俗を真似《まね》していました。

③**かねぐろなり**

鉄のさびを歯につけて黒く染める化粧です。江戸時代まで結婚した女性はこの化粧をしていました。だから、昔の美女は笑うと歯が真っ黒！　それが美しいのです。

④**容顔**

顔だちのこと。

⑤**ましまし候ふぞ**

「あるぞ」を尊敬＋丁寧の意味で表現したものです。

⑥**物そのもので候はねども**

「物」とはここでは「取り立てて言うべきもの・ひとかどのもの」という意味で使われています。それを「候はね」と打ち消していますから(「候は」は丁寧語)、「たいした者ではありません」となります。

⑦**なんぢにあうては名のるまじいぞ**

名のることで自分の身分が明らかになり、熊谷から同情されることを潔しとしなかったのでしょう。

⑧**見知らうずるぞ**

「見知らうずるぞ」は助動詞「むずる」のウ音便です。

⑨**よもあらじ**

「よも…打消」で「まさか…まい」の意味になります。

⑩**薄手《うすで》**

「手」はケガの意味。軽いけがのこと。

⑪**土肥《とひ》、梶原《かぢはら》**

土肥、梶原とも一ノ谷の合戦では源氏側の侍大将《さむらいだいしょう》(＝一軍を率いる将)として活躍しています。

⑫**とくとく首をとれ**

「とく」とは「疾《と》く」です。「早い・速い」両方の意味があります。

⑬**いとほしくて**

「いとほし」は「気の毒だ・かわいそうだ」の意味です。

⑭**目もくれ心も消えはて**

目がかすんで、心も消え入りそうだということ。「消え果つ」というのは「消え入る」ということで、激しい悲しみや苦しみで正気を失ってしまうことを表しています。ここは自分の子と同じ年頃の高貴な美しい武将を自らの手で殺さねばならないつらさに耐えかねているということですね。

⑮**首をぞかいてんげる**

「首をぞかきてける」が元のかたちです。それがイ音便化と撥《はつ》音便化して「かいてんける」となりました。そしてさらに「ける」が濁音化して「かいてんげる」になったのです(「ぞ」が前にあるので係り結びになって、「けり」が「ける」となっています)。いかにも、『平家物語』らしい響きです。

『平家物語』

鎌倉時代、13世紀半ば頃に原型が成立。作者ははっきりしませんが、琵琶法師と呼ばれる人たちが琵琶の旋律にのせて語り継いできたものです。平家一門の興亡の歴史が描かれています。勇壮な合戦場面もあれば女性たちの悲運の話もあるといった多様な物語が和漢混淆《こんこう》文(混交《こんごう》文)で語られています。

2 『おくのほそ道』

「おくのほそ道」の旅への出発（その前に弟子の別荘のところに…）

原文

月日は①百代《はくたい》の過客《くわかく》にして②行きかふ年もまた旅人なり。

永遠の旅人　行く年も来る年

船の上に生涯を浮かべ、馬の口とらへて老いを向かふる者は、

船の上で一生を送る船頭　馬のくつわを取って老いを迎える馬子《まご》

日々旅にして旅を栖《すみか》とす。古人も多く旅に死せるあり。予もい

私も

づれの年よりか、③片雲の風にさそはれて、漂泊の思ひやまず、

ちぎれ雲が　あてのない旅に出たい思い

海浜《かいひん》にさすらへて、去年《こぞ》の秋、④江上《かうしやう》の破屋にくもの古巣をは

さまよい歩き　隅田《すみだ》川のほとりのあばら家に（戻り）

らひて、やや年も暮れ、⑤春立てる霞《かすみ》の空に白河《しらかは》の関《せき》越えむと、

やがて　立春になって　越えてみようと

⑥そぞろ神の物につきて心をくるはせ、⑦道祖神のまねきにあ

とりついて　招いている気がして

ひて、取るもの手につかず。ももひきの破れをつづり、笠《かさ》の緒《を》

繕い

付けかへて、⑧三里に灸《きう》すゆるより、⑨松島《まつしま》の月まづ心にかか

（膝にある）三里のツボに灸をすえると　まず気にかかって

りて、住める方《かた》は人に譲りて、⑩杉風《さんぷう》が別墅《べつしよ》に移るに、

今まで住んでいた家　（弟子の）杉風の別荘

⑪草の戸も住み替はる代ぞ雛《ひな》の家

（人が）住み替わる時節になった

⑫面《おもて》八句を庵《いほり》の柱にかけおく。

（これを発句として）面八句を（懐紙に書いて）

口語訳▸

月日は永遠の旅人であり、行く年も来る年もまた旅人である。船の上で一生を送る船頭や、馬のくつわを取って（街道で）老いを迎える馬子は、毎日の生活が旅であり、旅そのものを自分のすみかにしている。（風雅を愛した）昔の人たちも多く旅（の途中）で死んでいる。私もいつの頃からか、ちぎれ雲が風に誘われて（空を流れていくように）、あてのない旅に出たいという思いがやまず、（あちらこちらの）海辺の地方をさまよい歩き、去年の秋、隅田川のほとりのあばら家に（戻り、）蜘蛛《くも》の古巣を払って（住んでいるうちに）、やがて年も暮れ、立春になって空に霞が立ち込めるようになると、白河の関を越えてみようと、（心を惑わす）そぞろ神がとりついて心を狂わせ、道祖神が招いている気がして、何も手につかない。股引《ももひき》の破れを繕い、笠のひもを付け替えて、（膝にある）三里のツボに灸をすえて（旅に出る準備を整えて）いると、松島の月がまず気にかかって、今まで住んでいた家は人に譲って、（弟子の）杉風の別荘に移ったのだが、

草の戸も住み替はる代ぞ雛の家

（このわびしい草の庵も人が住み替わる時節になった。折から雛祭りの頃とて、自分がいた頃とは違って華やかな雛人形が飾られる家となることだろう）

（と詠《よ》んでこれを発句として）面八句を（懐紙に書いて門出の記念に庵の）柱に掛けておいた。

ポイントの解説

①百代《はくたい》の過客《くわかく》

「百代」とは長い年月のことから「永遠」の意味です。「はくたい」あるいは「はくだい」と読むことになっています。「過客」と

は「旅人」のこと。この部分は李白《りはく》の詩の一節を意識して書かれているようです。

②**行きかふ年**

「行き交う年」のこと。「来ては去り、去ってはまた来る年」という意味で、「とどまることがない年月」というニュアンスです。

③**片雲の**

「片雲」とは「ちぎれ雲」のこと。「ちぎれ雲が風に誘われて～」と、「の」は主格を表し、「が」と訳します。

④**江上の破屋**

「江」とは大きな河の意味です。「上」とはほとりのこと。ここでは隅田川のほとりという意味です。芭蕉《ばしょう》の住まいは江戸の深川《ふかかわ》、隅田川のそばにありました。

⑤**春立てる霞《かすみ》の空に白河《しらかは》の関越えむと…心をくるはせ**

「春立てる霞の空に(立春の霞が立つ頃)」が修飾するのは「白河の関を越えよう」なのか「心をくるわせ」なのか二つの説があります。ここでは後者の説をとって訳しています。もし、前者の説をとると「立春の霞が立つ空のもとで白河の関を越えよう」となります。さて、どちらがいいでしょう。判断は読者にお任せします。

⑥**そぞろ神**

「そぞろ」とは「心が落ち着かない・そわそわするさま」の意味をもつ形容動詞「そぞろなり」の語幹です。「そぞろ神」という用例はここにしかないので、芭蕉の作った言葉だろうといわれています。

⑦道祖神

村境、峠、辻《つじ》、橋のたもとなどに置かれ、外部から来る悪霊からその地を守る神のこと。旅の安全を祈る神としても信仰されました。

⑧三里に灸《きう》すゆる

「膝頭の下の外側のややくぼんだところ」が三里のツボだそうです。ここに灸をすえると足が強く、また軽くなるそうです。

⑨松島の月

「松島」とは日本三景の一つ。芭蕉はこの『おくのほそ道』の旅で実際に松島を訪れます。

⑩杉風が別墅《べっしょ》

杉風は蕉門《しょうもん》十哲(芭蕉のすぐれた十人の弟子という意味)の一人で、魚問屋で幕府の魚御用商人を務めるお金持ちでした。芭蕉は杉風のようなお金持ちの弟子をたくさん全国にもっています。こういう人たちのネットワークが芭蕉の旅を経済的にも人的にも支えたのです。

⑪草の戸も住み替はる代ぞ雛《ひな》の家

季語は「雛」で春の句です。句の意味は口語訳のところに書いておきました。この句は『おくのほそ道』の最初に記されている句ですが、旅に出るときの句ではありません。旅に出るときの句は３月27日に江戸の千住《せんじゅ》で詠んだ「行く春や鳥啼《な》き魚《うお》の目は泪《なみだ》」です。

⑫面《おもて》八句

百韻《ひゃくいん》(百句でひとつにまとめる連句のこと)の場合、懐紙《かいし》という紙を二つ折りした四枚の表と裏に句を書くことになっています。その一枚目の懐紙の表の面には八句を書きます。ということは、芭蕉は「面八句」を書いたというのですから、この句の他に七句を自分ひとりで詠んだことになります。残念ながら、それらの句は伝わっていません(というか、芭蕉は『おくのほそ道』を書くにあたって、それらの句を記しておく必要を認めなかったのでしょう)。

閑《しづ》かさや岩にしみいる蟬《せみ》の声(山形の立石寺《りゅうしゃくじ》で詠《よ》みました)

原文

山形領に①立石寺といふ山寺あり。②慈覚大師《じかくだいし》の開基にして、
創建した(寺)で
ことに清閑の地なり。一見すべきよし、人々の勧むるによつて、
一度行って見るのがいい
尾花沢《をばなざわ》よりとつて返し、その間《かん》七里ばかりなり。日いまだ暮れ
その間の距離は
ず。ふもとの坊に宿借り置きて、山上の堂に登る。岩に巌《いわほ》を重
ねて山とし、松柏《しようはく》年《とし》旧《ふ》り、土石老いて苔滑《こけなめ》らかに、岩上の院々
松やヒノキの類は樹齢を重ね　古びて　岩の上に建てられた諸堂
扉《とびら》を閉ぢて物の音聞こえず。③岸を巡り岩を這《は》ひて仏閣を拝し、
崖のふち
佳景寂寞《かけいじやくまく》として心澄《す》みゆくのみおぼゆ。
すばらしい景色はひっそりと静まりかえって

④閑かさや岩にしみいる蟬の声

口語訳▸

山形の領内に立石寺という山寺がある。慈覚大師の創建した寺で、格別にもの静かなところである。一度行って見るのがいいと、人々が勧めるので、尾花沢から引き返して(山寺に向かったが)、その間の距離は七里ばかりである。(着いた時は)まだ日は暮れていない。ふもとの僧坊に宿を借りておいて、山上の本堂に登る。岩の上に巌が重なって山となっており、松やヒノキの類は樹齢を重ね、土や石も古びて苔が滑らかに(覆って)、岩の上に建てられた諸堂はみな扉が閉じられて物音ひとつしない。崖のふちを巡り岩を這うようにして仏殿を拝むと、すばらしい景色はひっそりと静まりかえって心が澄みきっていくように感じられた。(そのときにつくった句)

閑かさや岩にしみいる蟬の声

(全山を包む静かさよ。そのなかで鳴く蟬の声はこの静けさの中では岩にしみいるように感じられることだ)

ポイントの解説

①立石寺

現在では「りっしゃくじ」と読まれていますが、「りゅうしゃくじ」と読むのが古い読み方です。天台《てんだい》宗のお寺で、山形市から東北に12ｋｍのところにあります。

②慈覚大師

法名を「円仁《えんにん》」といいます。「慈覚《じかく》」は亡くなってからつけられた諡《おくりな》です。最澄《さいちょう》の弟子となって唐に渡り修行をして帰り、後に天台座主となって864年に亡くなっています。

③岸

水辺に限定されません。岩のきわのところを指しています。

④閑かさや岩にしみいる蟬の声

季語は「蟬」で夏。「閑かさや」の「や」が切れ字でそこで意味が一度切れています。全山がひっそりと静まりかえっている様子を表しています。「蟬の声」は諸説がありますが、岩にしみいるのにふさわしい声はアブラゼミではなく、ニイニイゼミではないかと言われています。この句は初め「山寺や石にしみつく蟬の声」であったのを「さびしさや岩にしみこむせみの声」と改めたあと、現在の形になりました。蟬の声が岩に「しみいる」という卓抜な表現は思いつきではなかったのです。何度も慎重に検討し、推敲《すいこう》した結果なのです。

『おくのほそ道』

1689年、門人の曾良《そら》を伴って江戸を出発し、奥羽《おうう》(今の東北地方)・北陸《ほくりく》を経て美濃《みの》の大垣《おおがき》(現在の岐阜《ぎふ》県大垣市)まで五か月あまりの旅をした紀行文。芭蕉四十六歳の年でした。この旅の後、帰省をかねて上方《かみがた》に再び旅をして大坂(大阪)滞在中に五十一歳でなくなります。この作品の成立年代ははっきりしませんが、旅から帰ってさほど時期がたたないうちに一気に書き上げられたものと考えられています。

Ⅵ 漢文 故事成語

漢文のなかに見られる故事(昔から伝えられている事柄や物語)から来た表現が現在でも日本の日常会話のなかでよく使われています。そのうちのいくつかの言葉の出典を実際に漢文で読んでみましょう。

矛盾　韓非《かんぴ》『韓非子《かんぴし》』

原文

楚《そ》人《ひと》ニ有リ下鬻《ひさ》グ二盾ト与《と》レ矛ヲ者上。誉《ほ》メテレ之ヲ曰ハク、「吾《わ》ガ盾之《の》堅キコト、①莫《な》キ二能《よ》ク陥《とほ》スー一也《なり》ト。」又《また》誉メテ二其ノ矛ヲ一曰ハク、「吾ガ矛之利《り》ナルコト、②於《おい》テレ物ニ無キレ不《ざ》ルレ陥サ也ト。」或《ある》ヒト曰ハク、「以《もつ》テ二子《し》之矛ヲ一、陥サバ二子之盾ヲ一、③何《い》-如《かん》ト。」其ノ人弗《ざ》ルレ能《あた》ハレ応《こた》フル也。

口語訳

楚の国の人に盾と矛とを商っている人がいた。(その商人は自分の売っている)盾を誉めて、「私の盾の堅いことといったら、(どんなものでも)突き通すことができるものはない」と言う。また自分の矛を誉めて、「私の矛の鋭利であることといったら、どんなものでも突き通さないものはない」と言う。(それを聞いた)ある人が「(それでは)あなたの矛であなたの盾を突き通してみたらいったいどうなるでしょう」と質問した。その商人は何とも答えることができなかった(ということだ)。

書き下し文

楚人《そひと》（楚の国の人）に盾と矛とを鬻《ひさ》ぐ（商っている）者有り。之《これ》を誉《ほ》めて曰《い》はく、「吾《わ》が盾の堅きこと、①よく陥《とほ》すなきなり（突き通すことのできるものはない）」と。またその矛を誉めて曰はく、「吾が矛の利《り》なる（鋭利である）こと、②物において陥さざるなきなり（突き通さないものはない）」と。あるひと曰《い》はく、「子《し》の（あなたの）矛をもつて子の盾を陥さば③いかん（突き通してみたらどうなるでしょう）」と。その人応《こた》ふるあたはざるなり（答えることができなかった）。

ポイントの解説

漢文には現在・過去・未来といった時制がありません。そのため文脈を踏まえて適宜それを使い分けて、口語訳することで自然な日本語らしい表現になります。

① 莫キ二能ク陥ス一也ト

「莫」は「無」と同じ意味で否定を表します。また「能」は「できる」という意味で「よク」と読みます。「陥《とほ》す」は突き通すという意味の動詞ですから、ここは「突き通すことができるものはない」という意味になります。

② 於テ物ニ無キ不ル陥サ也ト

「無不…」は「…（せ）ざるはなし」と読みます。二重否定で、「…しないものはない（すべて…する）」という意味になります。したがって、「どんなものに対しても突き通さないものはない（すべて突き通す）」ということになります。

③ 何如

「いかん」と読みます。英語の「How」に相当する疑問詞で「どのようか」という意味があります。ここでは「どんなものでも突き通す矛でどんなものでも突き通さない盾を突き通したらどのようになるか」と問うたわけです。もちろん、この鋭い質問に商人は答えることができないのです。

● 矛盾

つじつまがあわないこと。二律背反《にりつはいはん》のありさまのことです。

漁夫の利

劉向《りゅうきょう》『戦国策』

原文

今者《いま》①臣来タリテ過グ二②易水《えきすい》ヲ一。③蚌《ぼう》方《まさ》ニ出デテ曝《さら》ス。④而《しか》シテ⑤鷸《いつ》啄《ついば》ム二其《そ》ノ肉ヲ一。蚌合シテ箝《はさ》ム二其ノ喙《くちばし》ヲ一。鷸曰《い》ハク、「今日⑥不《ず》レ雨フラ、明日不ンバレ雨フラ、⑦即《すなは》チ有ラント二死蚌一。」蚌モ亦《また》謂《い》ヒテレ鷸ニ曰ハク、「今日不レ出《い》ダサ、明日不ンバレ出ダサ、即チ有ラント二死鷸一。」両者⑧不レ肯《がへん》ゼ二相ヒ舎《お》クヲ一。漁者得テ而并《あ》ハセレ擒《とら》フ之《これ》ヲ。

口語訳

ただ今私は(こちらに)やって来て易水を通り過ぎようとした。カラス貝がちょうど(泥から)出てひなたぼっこをしていた。そして、(それを見つけた)シギがその肉をつついて食べようとした。(その時)カラス貝は口を閉じてシギのくちばしをはさんでしまった。シギが言うことには、「今日雨が降らず、明日も雨が降らなければ、すぐに死んだカラス貝になるだろうよ」と。カラス貝もまたシギに言うことには「今日(くちばしをはさまれたまま)出られず、明日も出られなかったら、死んだシギになるだろうよ」と。両者ともお互いに放すことを承知しないでいた。(そこへやって来た)漁師が(これを見つけて)両方ともつかまえてしまった。

書き下し文

いま①臣来たりて②易水《えきすい》を過ぐ。③蚌方《ぼうまさ》に出《い》でて曝《さら》す。④而《しか》して⑤鷸《いつ》その肉を啄《ついば》む。蚌合《がっ》してその喙《くちばし》を箝《はさ》む。鷸曰《い》はく、「今日⑥雨ふらず、明日雨ふらずんば、⑦即《すなは》ち死蚌有らん」と。蚌も亦《また》鷸に謂《い》ひて曰はく、「今日出《い》ださず明日出ださずんば、即ち死鷸有らん」と。両者⑧相《あ》ひ舍《お》くを肯《がへん》ぜず。漁者得て幷《あ》はせ之《これ》を擒《とら》ふ。

私は(こちらに)やって来て
カラス貝がちょうどひなたぼっこをしていた
シギが
口を閉じて
雨が降らなければ
明日も出られなかったら
お互いに放すことを承知しない
漁師
これを両方ともつかまえた

ポイントの解説

① 臣

この話は遊説家《ゆうぜいか》(春秋戦国時代に諸国を巡り自分の戦略を説いて、採用されることを求めた人)の蘇代《そだい》が趙《ちょう》の国の王に隣国の燕《えん》を伐つことを断念させようと説いているときのたとえ話です。したがって、「臣」は本来「家来」という意味ですが、自称と考えて「私」と訳します。

②易水

河北《かほく》省の西に流れている河の名前。趙の国の近くを流れていました。

③蚌

カラス貝、あるいはドブ貝のこと。外側が黒く内側が真珠色のだ円形の貝。淡水の泥のなかにいます。

④而シテ

助字といって接続詞の働きをしています。一般的にはこの文字は訓読では読みませんが、順接と逆接の両方で用いられ、順接ではこのように「しかシテ」、逆接では「しかルニ」と読むことがあります。

⑤鷸

シギと訳しましたが、カワセミのことを指すという説もあります。

⑥不レ雨フラ

ここでは「雨」が動詞として用いられているので「雨ふる」と訓《よ》みます。漢文では雪やあられなどが降ることもこの「雨」という文字で表します。また両方とも「不雨」ですが、「明日不ンバ雨フラ」の方は仮定形として「…(せ)ずンバ」と読み、「もし…しないと」の意味です。このように訓読とは単に漢字の並び方を機械的に日本語の語順にするのではなく、意味を理解し、それに合わせた日本語の読み方を示すことなのです。

⑦即チ

「すぐに・たちまち」というニュアンスがあります。

⑧不レ肯ゼ二相ヒ舎クヲ一

「肯」は動詞の用法です。「承知する・うなずく」という意味です。「相舎」の「舎」は「捨」と同じ意味で「放す・ゆるす」の意味があります。したがって、ここでは「互いに放すことを承知しなかった」となります。

●漁夫の利

両者が譲らないうちに第三者が利益を独占してしまうという意味で、現在は使われています。

株《くひぜ》を守る　韓非《かんぴ》『韓非子《かんぴし》』

原文

宋人《そうひと》ニ有リ二耕スレ①田《でん》ヲ者一。田中《でんちゅう》ニ有レリ株《くひぜ》。兎《うさぎ》走リテ触レレ株ニ、折リテレ頸《くび》ヲ而死ス。因《よ》リテ釈《す》テテ二其《そ》ノ耒《すき》一ヲ而守リレ株ヲ、②冀《こひねが》フ二復《ま》タ得《え》ンコトヲレ兎ヲ。兎③不レ可《べ》カラ二復タ得《う》一。而《しか》シテ身ハ為《な》レリ二宋国ノ笑ヒト一。

口語訳

宋の国の人に田畑を耕していた者がいた。その畑の中に木の切り株があった。(ある日)兎が走ってきて株にぶつかり、首を折って死んだ。そこで、(その男は持っていた)すきを捨てて切り株を見守り、もう一度兎を手に入れることを願った。(しかし)もう二度と(兎は)得ることができなかった。こうして、その男は宋の国の笑い者となってしまった。

書き下し文

宋人《そうひと》に①田《でん》を耕す者有り。田中《でんちゅう》に株《くひぜ》有り。兎《うさぎ》走りて株に触れ、頸《くび》を折りて死す。因《よ》りて(そこで)その耒《すき》を釈《す》てて株を守り、復《ま》た兎を得《え》ん(もう一度得ようと)ことを②冀《こひねが》ふ(願った)。兎③復た得《う》べからず(二度と得ることができなかった)。而《しか》して身は宋国の笑ひと為《な》れり。

ポイントの解説

①田

　水田とは限定されず、耕地一般のことです。

②冀フ

　「冀フ二……ヲ一」で「……を冀《こひねが》ふ」と訓み、願望を表します。

③不レ可カラ二復タ得一

　「不レ可カラ」で「べからず」と訓みます。この場合は「できない」という不可能の意味を表しています。また「不二復……一」で「復《ま》た…（せ）ず」と読み、「二度と…しない」という部分否定の意味になります。ここではこの二つを合体させて「（一度目は手に入れたが）二度と手に入れることができない」という意味になっています。

●株《くいぜ》を守る

　この話のあとに「今先王の政を以つて当世の民を治めんと欲するは皆株を守るの類なり（今、前の王の政治の方法で現在の民を治めようとするのは皆この「株」を守ると同じである）」と続いています。このことを「守株《しゅしゅ》」とも言い、いつまでも古い習慣にとらわれて時代の変化に対応できないことを表します。北原白秋作詞の「まちぼうけ」という歌はこの話がもとになっています。

Ⅶ 漢文 孔子の言葉(『論語』)

『論語』は中国の春秋時代末期(紀元前400年頃)に成立したと考えられている孔子《こうし》の言行録です。孔子の名は丘《きゅう》、字《あざな》(通称)は仲尼《ちゅうじ》といい、儒家《じゅか》と呼ばれる思想家の一人です。「仁」や「忠恕《ちゅうじょ》」といった徳が為政者には必要だと説きましたが、現代にも通用する生きる上での知恵を授けてくれるように思われます。彼の言葉をほんの少しですが、読んでみることにしましょう。

『論語』 為政《いせい》

原文

①子《し》曰《い》ハク「吾《われ》十有五ニシテ而②志二ス于学一ニ。

三十ニシテ③而立ツ。四十ニシテ而④不レ惑ハ。

五十ニシテ而⑤知二ル天命一ヲ。六十ニシテ而⑥耳順《したが》フ。

七十ニシテ而従二ヒテ心ノ所レニ欲《ほっ》スル⑦不レ踰《こ》レエ矩《のり》ヲ。」

口語訳

先生が言われた。「私は十五歳で学問に志した。三十歳で(学問を身につけ)一人立ちした。四十歳で(身につけた学問を実践して)惑うことはなくなった。五十歳で(自分に)天から与えられた使命がわかった。六十歳で(人の言うことが)素直に聞けるようになった。七十歳で(自分の)心のままにふるまっても人の道を踏み外すことがなくなった」と。

書き下し文

①子曰《しい》はく「吾《われ》十有五（十五歳）にして②学に志《こころざ》す。三十にして③立つ（一人立ちした）。四十にして④惑《まど》はず。五十にして⑤天命（天から与えられた使命）を知る。六十にして⑥耳順《したが》ふ（（人の言うことが）素直に聞ける）。七十にして心の欲《ほっ》する所に従ひて⑦矩《のり》（人の道）を踰《こ》えず」と。

ポイントの解説

① 子

「子」の元の意味は小児でしたが、「シ」の音が「師・氏」と同じであることから「①徳や爵位のある者の尊称 ②先生 ③二人称 ④男子の自称」などの意味として使われます。ここでは②の「先生」の意味で使われています。つまり孔子のことです。

② 志ス二于学ニ一

「于」の文字は対象や目的を表します。「於・乎」と同じで英語の「in/at/for」などのような働きをしています。訓読はしません。「学」は具体的には『詩経《しきょう》』『書経《しょきょう》』などの本を読み、礼楽を学ぶことだと言われています。ここから、十五歳のことを「志学《しがく》」と言います。

③ 而立ッ

「学問を身につけて一人立ちすること」という意味です。三十歳のことを「而立《じりつ》」というのはここから来ています。

④ 不レ惑ハ

「物事の道理がしっかりとわかり、事にあたって迷いのないこと」の意味です。ここから四十歳のことを「不惑《ふわく》」と言います。筆者は「不惑」の年齢をはるかに超えているのに、毎日迷ってばかりいます。孔子先生のようにはなかなかいきません。

⑤ 知ル二天命一ヲ

「天命」とは自分に課された使命、つまり自分はこれをするために生まれて来たのだと自覚したということですね。ここから五十歳のことを「知命《ちめい》」と言います。

⑥ 耳順フ

円熟の境地に達して人の立場がよくわかり、人の言うことが素直に聞けるということです。「耳順《じじゅん》」と言います。

⑦ 不レ踰エレ矩ヲ

「矩」とは「さしがね(長さを測る金属製の工具)」の意味から法や規範のことを言います。ここでは「人として守るべき道」のことです。ここから、七十歳のことを「従心《じゅうしん》」と言います。ちなみに出典は『論語』ではありませんが、二十歳は「弱冠《じゃっかん》」、七十歳を「古希《こき》(古稀)」、七十七歳を「喜寿《きじゅ》」、八十八歳を「米寿《べいじゅ》」、九十九歳を「白寿《はくじゅ》」と呼びます。

『論語』学而《がくじ》

原文

子曰《しい》ハク「学ンデ而時ニ習フレ之《これ》ヲ、①不《ず》二亦説《またよろこ》バシカラ一乎《や》。有リ下朋《とも》ノ自《よ》リ二遠方一来タル上、不二亦楽シカラ一乎。人不シテレ知ラ而不レ慍《いきどほ》ラ、不二亦②君子《くんし》ナラ一乎ト。」

口語訳

先生が言われた。「学んだことを折に触れて復習する、(これは)何とうれしいことではないか。友が遠方から訪ねて来てくれることがある、(これは)何と楽しいことではないか。人が自分の真価を認めてくれないが、そのことを不平不満に思わない、(そのような人は)なんと君子であることか」と。

書き下し文

子曰《しい》はく「学んで時に之《これ》を習ふ、①亦説《またよろこ》ばしからずや。朋《とも》の遠方より来たる有り、亦楽《たの》しからずや。人知らずして慍《いきどほ》らず、亦②君子《くんし》ならずや」と。

時に之を習ふ：折に触れて復習する
亦説ばしからずや：何とうれしいことではないか
人知らずして：人が自分の真価を認めない
慍らず：不満に思わない

ポイントの解説

①不二亦説一バシカラ乎

「不二亦……一乎」で「亦《また》……（なら）ずや」と訓み、「何と……ではないか」という詠嘆を表します。「説」は「悦」と同じで「うれしい」という意味です。したがって、ここは「何とうれしいことではないか（たいそうよろこばしいことだ）」ということになります。

②君子

学問的知識や道徳的な行いを身につけた人格者のことと一般的に言われています。

『論語』 述而《じゅつじ》

原文

子《し》曰《い》ハク、三人行ケバ、必ズ有リ二我ガ師一焉。擇《えら》ビテ二其《そ》ノ善ナル者一ヲ而①従ヒレ之ニ、其ノ不善ナル者ニシテ而改ムレ之ヲ。

口語訳

先生が言われた。三人で行動すれば、（その中に）必ず自分の師とするべき者がいるものだ。（自分を除いた二人のうち）行いが善である人を選んでその人を見習い、行いの不善である人を見て自分の行いを（反省し）改めるのである。

書き下し文

子《し》曰《い》はく、三人行けば《三人で行動すれば》、必ず我が師有り。その善なる者を擇《えら》びて①之《これ》に従ひ《見習い》、その不善なる者にして之を改む。

ポイントの解説

① 従ヒレ之ニ

「之」は動詞、形容詞、および時間を表す語の後に添えて語調を整える働きをしている助字です。何かを指示しているわけではありません。このような「之」を「語気調」とも呼びます。意味をもっていないのですから、「之」を本文のように訓《よ》むことをせず、「その善なる者を擇《えら》びて従ひ、その不善なる者にして改む」とする訓読の仕方もあります。

実はひとつ前の「学而」のところの「有朋自遠方来」も「朋の遠方より来たるあり」と「遠方より来たる朋あり」のふたつの訓読の仕方があります。

『論語』　子路《しろ》

原文

子曰《い》ハク、「君子ハ①和シテ而不ズレ同ゼ、②小《せう》人《じん》ハ同ジテ而不トレ和セ。」

口語訳

先生が言われた。「君子は調和を図るけれど（むやみと）他の人に賛同せず、小人は（むやみに）賛同して調和を図ろうとしない」と。

書き下し文

子《し》曰《い》はく、「君子は①和して同ぜず、②小《せう》人《じん》は同じて和せず」と。

和して：調和を図り
同じて：賛同して

ポイントの解説

① 和シテ而不レ同ゼ

「和」や「同」をどのように解釈したらよいのでしょう。一応、口語訳では「和」を「調和を図る」、「同」を「むやみと賛同する」としておきました。しかし、もっと、深くさまざまな解釈ができるに違いありません。『論語』は昔からそれぞれの立場や考え方に基づいてさまざまな解釈がなされ、それが一つの学問として成立してきた歴史があります。孔子の言葉を受け止めるにもそれなりの知識や見識が必要だということです。筆者の口語訳にとどまらず、どうかそれぞれの読者の方が、それぞれのお考えでこの言葉を味わっていただければよいと思います。

② 小人

自分の都合や欲だけで行動する思慮分別がない者のことと一般的に言われています。

Ⅷ 漢文 漢詩

日本の文学に大きな影響を与えたのが唐の時代の漢詩です。その代表的な作品のいくつかを味わってみましょう。

春暁

原文

①春《しゅん》暁《げう》　孟浩然《まうかうねん》

春眠②不《ず》レ覚エレ暁《あかつき》ヲ

処処聞ク二③啼《てい》鳥《てう》ヲ一

④夜来風雨ノ声

⑤花落ツルコト知ランヤ二多少ヲ一

口語訳

1 春の眠りは(心地よく)いつ夜が明けたのかも気がつかない

2 (目覚めてみると)あちこちにさえずる鳥の鳴き声がする

3 (そういえば)昨夜から雨や風の音がしていたのだが

4 (せっかく咲いていた)花はどれほど散ってしまったろうか

書き下し文

①春《しゅん》暁《げう》

1 春眠暁《あかつき》を②覚えず（気がつかない）

2 処処（あちこちに）③啼鳥《ていてう》（さえずる鳥）を聞く

3 ④夜来（昨夜から）風雨の声

4 ⑤花落つること多少（どれほど）を知らんや（だろうか）

ポイントの解説

①春暁

「暁」とは東の空が白くなって夜が明け始めるころをさします。古語の「あけぼの」にあたります。古文でいう「あかつき」は夜半から夜の明ける頃を指しますから、古語の「あかつき」とは違います。

②不レ覚エ

「覚」は「気がつく」という意味です。その否定ですから「気がつかない」。

③啼鳥

「啼」は鳥などがさえずることです。「鳥啼」としなかったのはこれでは押韻《おういん》を作れないためです。

④夜来

「来」を「それ以来」の意味にとって「昨夜からずっと今まで」と解釈する説もあります。

⑤知ランヤ二多少ヲ一

「多少」は疑問詞で「どれほどだろう」という意味です。日本語の「多少」という意味ではありません。また「知多少」で「多少ヲ知ラズ(どのくらいなのだろうか、自分にはわからない)」という意味になります。ここの句は日本語の文法に照らすとこのような訓《よ》み方になりますが、伝統的には「知る多少《たしょう》」と訓むことが多いようです。

■孟浩然《まうかうねん》

689年～740年。盛唐《せいとう》の詩人。名が「浩」で、「浩然」は字《あざな》。若い頃から節義を好み、人の難儀を喜んで助けたと言われています。進士の試験に落第して隠棲していましたが、四十歳のとき長安《ちょうあん》に出て詩人たちと交わり、その才能を認められました。李白《りはく》や王維《おうい》と親しく、自然の美やそのなかでの心情を詠《よ》んだ詩が多くあります。

鑑　賞

五言絶句。五言絶句の場合、一般的に押韻は偶数句末にあるのですが、この詩では一句目も押韻です。したがって、「暁・鳥・少」が「ギヨウ・チヨウ・シヨウ」と韻を踏んでいます。この詩を土岐善麿《ときぜんまろ》という日本の詩人が翻訳しています。紹介しておきましょう。

春はあけぼののうすねむり　　まくらにかよう鳥の声
風まじりなる夜べの雨　　花ちりけんか庭もせに

（土岐善麿　新版「鶯《うぐいす》の卵」より）

静夜思

原文

①静《せい》夜《や》思《し》　李《り》白《はく》

②牀《しやう》前《ぜん》看《み》ル二月光ヲ一

③疑フラクハ是《こ》レ地上ノ霜カト

挙《あ》ゲテレ頭《かうべ》ヲ望ミ二山月ヲ一

低《た》レテレ頭ヲ思フ二故郷ヲ一

書き下し文

①静夜思

1 ②牀前《しやうぜん》（寝台の前に）月光を看《み》る

2 ③疑ふらくは（疑うことには）是《こ》れ地上の霜《しも》かと

3 頭《かうべ》を挙げて（顔をあげて）山月を望み

4 頭を低《た》れて（うつむいて）故郷を思ふ

口語訳

1 （夜中にふと目をさますと）寝台の前に明るい月の光がさしているのを見た。

2 （まだ半ば眠りのなかにいた私は）これを地上におりた霜かと疑ってしまった。

3 （そうして）顔をあげて（窓の外にある）山にかかる月を眺め

4 （それから）うつむいて故郷を思い出し、気持ちは沈んでしまった。

ポイントの解説

①静夜思

「静かな夜のもの思い」という意味です。

② 牀前

「牀」は「床」と同じで寝台の意味です。

③ 疑フラクハ是レ地上ノ霜カト

「疑うことには…」という意味ですから「…ではないかと思ってしまった」とも解釈することができます。ですから「地面におりた霜かと思ってしまった」と口語訳したほうがわかりやすかったかもしれませんね。

■ 李白《りはく》

701年～762年。盛唐の詩人。字《あざな》は太白《たいはく》、号は青蓮《せいれん》。出身は明らかではありませんが、青蓮郷《せいれんきょう》(今の四川《しせん》省綿陽《めんよう》市)と言われています。杜甫《とほ》とならぶ唐の時代の代表的な詩人。「詩仙」と呼ばれています。若いときから詩に優れていましたが、剣術にも長じていたとされています。玄宗《げんそう》帝にその才能を認められ官吏に登用されますが、豪放な人柄から玄宗帝の側近の恨みをかい追放されます。各地を周遊しながら詩と酒に親しむ人生を送ります。自由奔放な天才肌の詩風として知られています。

鑑　賞

五言絶句。押韻は「光・霜・郷」にあります。仕官を求めて旅に出て、湖北《こほく》省の安陸《あんりく》の地で詠《よ》んだ詩とされています。詩の前半の二句は風景の描写、後半の二句は心情描写がされています。仕官も思うようにならず、悲しく沈んだ気持ちが「頭を低れて」という表現に込められています。

登岳陽楼

原文

①登ル二岳《がく》陽《やう》楼《ろう》ニ一

杜《と》甫《ほ》

昔聞ク②洞《どう》庭《てい》ノ水　今上ル岳陽楼

呉《ご》楚《そ》東南ニ坼《さ》ケ　③乾《けん》坤《こん》日夜浮カブ

親《しん》朋《ぼう》無ク二一字一　④老病有リ二孤舟一

⑤戎《じゅう》馬《ば》⑥関《くわん》山《ざん》ノ北　憑《よ》リテレ軒ニ⑦涕《てい》泗《し》流ル

口語訳

1 昔から(すばらしいと)聞いていた洞庭湖《どうてい》を

2 今(自分は)岳陽楼に登って眺めている。

3 呉と楚の地方は(この湖で)東と西に裂くように分かれおり

4 (湖は果てしなく広がり)天地(のすべての物の影を水面に)昼も夜も浮かべている。

5 (この雄大な景観に比べて我が身はいかにはかないものか)親類や友人からは一字の手紙もなく

6 年老いて病身の我が身を託するものはただ一そうの舟があるだけだ。

7 戦乱は関山の北にある都で絶え間ない(と聞くと)

8 (いったいいつになったら帰ることができるのかと、我が身の悲運を思い)手すりによりかかっていると思わず涙があふれてくる。

書き下し文

①岳陽楼《がくやうろう》に登る

1 昔聞く②洞庭《どうてい》の水
昔から聞いていた

2 今上《いまのぼ》る岳陽楼

3 呉楚《ごそ》東南に坼《さ》け
(この湖で)東と西に裂け

4 ③乾坤《けんこん》日夜浮かぶ
天と地

5 親朋《しんぼう》一字無く
親類や友人からは一字の手紙もなく

6 ④老病孤舟有り

7 ⑤戎馬《じゅうば》⑥関山《くわんざん》の北
戦乱は関山の北で絶え間ない(と聞く)

8 軒に憑《よ》りて⑦涕泗《ていし》流る
手すり　涙

ポイントの解説

①岳陽楼

湖南《こなん》省岳州《がくしゅう》の西門にある楼閣(高い建物)。洞庭湖を見下ろす丘陵地にあります。多くの文人がここに登って詩を作っています。

②洞庭

中国有数の湖。江水《こうすい》(長江《ちょうこう》)の中ほどにあります。

③乾坤

天地万物のこと。ここでは湖に映る島影、雲、日、月のことを表していると考えられます。

④老病

杜甫はここを五十七歳の時に訪れて詩を作りました。肺病にかかっていて、この約二年後に亡くなります。

⑤戎馬

この詩の作られた頃、杜甫の故郷長安《ちょうあん》の西近くでは吐蕃《チベット》族の侵入があり、戦乱が続いていました。

⑥関山北

多くの関所や山々を隔てた北方の土地という意味です。具体的には長安を指しています。

⑦涕泗

鼻水や涙のことです。

■杜甫《とほ》

712年～770年。字《あざな》は子美《しび》。号は少陵《しょうりょう》。河南《かなん》省鞏《きょう》県の出身。父は地方官で子どもの頃から神童ぶりを発揮し、十四、五歳で文人仲間と交際したと言います。官吏の栄達を望みますが、たびたび進士の試験に落第し、放浪したあと三十歳頃に洛陽《らくよう》で李白《りはく》に出会います。その後、長安に出て十年になる頃ようやく小官に任命されますが、安禄山《あんろくざん》の乱が起きます。家族を避難させて自らは粛宗《しゅくそう》のもとに駆けつけますが賊軍につかまり捕虜になります。

家族と離れた生活が何年も続いたのち三年ほど家族と暮らしますが、また放浪生活が続きます。苦労の多い人生の中で時事や政治、家族への思いを詠《よ》んだ詩が多く、誠実な人柄や儒家的な思想から「詩聖《しせい》」と呼ばれています。

鑑賞

五言律詩《ごごんりっし》。律詩の押韻は偶数句末にありますから、この詩の場合は「楼・浮・舟・流」です。また律詩は三句と四句、五句と六句が対句《ついく》となる規則があり、この詩もそれにしたがっていますが、さらに一句と二句も対句となっています。口語訳のところに言葉を補ってあるように、前半は広大な洞庭湖の景観を描写し、後半では一転して自己と国家の悲運を述べています。自然が雄大であればあるほど、人間の営みのはかなさや孤独感が痛切に感じられるのではないでしょうか。

送元二使安西

原文

送①元二使安西　王《おう》維《い》

②渭《ゐ》城《じやう》朝雨浥《うるほ》ス軽《けい》塵《ぢん》ヲ

③客舎青青④柳色新タナリ

勧ム君ニ⑤更ニ尽クセ一杯ノ酒

西ノカタ出《い》ヅレバ⑥陽関ヲ無カラン⑦故人

口語訳

1 (君を送って来たここ)渭《ゐ》城《じやう》では朝に雨が降って、軽い土ぼこりを(しっとり)しめらせている。

2 宿の前にある柳は(今朝の雨に洗われて)青々として、みずみずしく目に映る

3 さあ君よ、もう一杯盃を飲み干したまえ

4 (ここから)西の方にある陽関を出てしまえば、(このように親しく酒を飲み交わす)昔なじみの友人もいないだろうから。

書き下し文

①元二《げんじ》の安西《あんせい》に使ひするを送る

1 ②渭《ゐ》城《じやう》の朝雨軽塵《けいぢん》を浥《うるほ》す
軽い土ぼこりをしめらせている

2 ③客舎青青《かくしやせいせい》　④柳色《りうしよく》新たなり
旅館(の前の)　柳の葉の色

3 君に勧む　⑤更に尽くせ一杯の酒
もう一杯飲み尽くしたまえ

4 西のかた⑥陽関《やうくわん》を出《い》づれば　⑦故人無からん
西の方の　昔なじみの友人

ポイントの解説

①元二

「元」は姓。「二」は同姓の一族の中で同じ世代の者(兄弟やいとこ)につけた年齢順の番号のこと。「排行《はいぎょう》」と言います。この人がどういう人なのか詳しいことはわかっていません。「使ひする」とは節度使として西域《せいいき》諸国や中央アジアを治めるために派遣されたと考えられています。

②渭城

陝西省《せんせい》長安《ちょうあん》の北西にある町。当時、西域に行く人をここまで送って別れたそうです。

③客舎青青

旅館の前が青々とした色に映えていること。下の「柳色新」の内容を述べています。

④柳

中国では古く、送別のときに柳の枝を丸く結んで再び巡りあえることを祈る習慣がありました。「柳」をここで取り上げているのはそのことを踏まえていると言われています。

⑤更ニ尽クセ

「更に尽くせ」と命令形で訓《よ》んでいます。漢文には命令形の句法はありませんが、ここでは文脈からこのように訓みます。

⑥陽関

甘粛《かんしゅく》省にある関所。ここを出れば崑崙《こんろん》山脈と天山《てんざん》山脈に挟まれたタクラマカン砂漠まであと少しです。

⑦故人

現代語の「亡くなった人」という意味はありません。「故」は「古」と同じ意味です。「故人」とは古くからの友人・昔なじみの友人のことです。

■王維《おうい》

701年？～761年？盛唐の詩人。字《あざな》は摩詰《まきつ》。太原《たいげん》（現在の山西《さんせい》省太原市）の出身。早熟で早くから文名が高く、711年に進士に及第して、官吏に登用され尚書右丞《しょうしょゆうじょう》（内閣書記官長）の位まで出世します。詩だけでなく音楽、書画にも優れた才能がありました。仏教を篤《あつ》く信仰し自然を愛した詩を多く作っています。

鑑　賞

七言絶句《しちごんぜっく》。七言の場合、押韻は一句末と偶数句末にあるのが規則ですから、「塵・新・人」です。また七言の句の構成は「二字・二字・三字」になっています。たとえば、一句目では「渭城・朝雨・浥軽塵」でそれぞれ意味のまとまりがあるわけです。以下の句も見直してください。すべて「二字・二字・三字」で意味がまとまっています。「雨」「柳」は単に景色を詠《よ》んだだけではなく、別れをイメージさせるものとして、再び会うことの困難を予想させる遠い異郷の地に赴く旧友との惜別の思いを込めているものと解釈できます。筆者の個人的な感想かもしれませんが、

「君に勧む更に尽くせ一杯の酒」という句に友人のこれからの困難と無事を祈る思いが託されているようで、印象深いものがあります。

春望

原文

①春《しゅん》望《ぼう》　杜《と》甫《ほ》

②国破レテ山河③在リ
④城春ニシテ草木深シ
感ジテハレ時ニ花ニモ濺《そそ》ギレ涙ヲ
恨ミテハレ別レヲ鳥ニモ驚カスレ心ヲ
⑤烽《ほう》火《くわ》連ナリ二三月ニ一
家書抵《あ》タル二万金ニ一
⑥白頭掻《か》ケバ更ニ短ク
渾《すべ》テ欲スレ⑦不ラントレ勝《たへ》レ簪《しん》ニ

口語訳

1 (唐の都の)長安は(戦乱で破壊され)秩序が乱れているが、山河は昔どおりにある。
2 長安の街は春になり草や木はいつもどおりに生い茂っている。
3 (戦乱のこの)時勢を思うと悲しく、花を見ても涙がこぼれ落ち、
4 家族との別れを嘆いては鳥の鳴き声を聞いても心が動かされ痛む。
5 (敵の来襲を知らせる)のろしは三カ月の間続いて
6 家族からの便りは大金にも匹敵する(貴重なものになっている)。
7 (悲しみで)白髪頭を掻けば掻くほど(髪は抜けて)短くなり
8 まったく(冠をとめる)かんざしも挿せないほどになろうとしている。

書き下し文

①春　望

1 ②国破れて山河③在り
秩序が乱れても

2 ④城春にして草木深し
街は春になり

3 時に感じては花にも涙を濺《そそ》ぎ
時勢を思うと悲しく　流し

4 別れを恨みては鳥にも心を驚かす
鳥の鳴き声にも

5 ⑤烽火《ほうくわ》三月に連なり
のろしは三カ月の間

6 家書万金に抵《あ》たる
家族からの便り　匹敵する

7 ⑥白頭掻《か》けば更に短く
白髪頭

8 渾《すべ》て⑦簪《しん》に勝《た》へざらんと欲す
まったく　かんざしも挿せないほどだ

ポイントの解説

①春望

「春の眺め」という意味です。

②国破レテ

「国」には現代語における国家の意味はありません。国の都を意味しました。唐の時代ですから「国」は長安の街を指しています。「破」は戦いに負けるという意味ではありません。「破壊」の意味に近く、秩序が乱れていることを意味しています。

③在リ

「在」はただ「有る」という意味ではなく、「ちゃんと存在している」というニュアンスのある漢字です。

④ 城

「城」は城壁に囲まれた地域の意味で、街のことです。中国では町全体を城壁で囲み、外敵の侵入に備えていたのです。ですから、日本の城郭建築のようなイメージで「城」を理解するのは大きな間違いです。

⑤ 烽火連ナリ二三月ニ一

「烽火」とは煙をあげることで遠い距離の間に情報を送るものです。「のろし」とも言います。「三月」は「三月」という月を表すという説と「三カ月の間」という説がありますが、後者の方が一般的なので口語訳にはそちらをとってあります。

⑥ 白頭

白髪《しらが》頭のこと。この詩を作ったとき、杜甫は四十六歳でした。

⑦ 不ラントレ勝ヘレ簪ニ

成人した男子は冠を付ける習慣があり、人前で頭を露出することはありませんでした。髪が短くなって冠をつけるピンが挿せないというのですから、もはや一人前の男子としては失格だという感慨が含まれています。

鑑　賞

五言律詩。押韻は偶数句末「深・心・金・簪」にあります。一句と二句、三句と四句、五句と六句が対句になっています。

この句は安禄山の乱で捕虜となって幽閉されたときに作られ

たものです。自然の秩序に比べて人間社会は乱れ、本来楽しむべき自然の風景にも心を痛め、何もすることができぬまま年老いていくわが身を嘆いています。「国破れて山河在り」は多くの漢詩の中でも、最も人々に親しまれているフレーズです。それは人間の愚かな営為と自然の変わらぬ秩序の対照が深く我々の心に訴えてくるからではないでしょうか。

■著者プロフィール及びあとがき

真野　真（まのまこと）

名古屋市生まれ。愛知県立の進学高校の国語教員を十数年経験した後、予備校講師に転身。現在、代々木ゼミナール講師。予備校で現代文と論文を教えて二十数年経ちます。大学時代の専門は日本語学でした。

「古典のおさらい」を執筆しているときには高校教師として授業していた頃を懐かしく思い出しました。私自身も「古典のおさらい」をしたようです。この本は高校教師時代に作った授業ノートを参考にして当時の生徒とのやり取りを生かし、改めて調べ直したことや確認した内容を付け加えて作りました。

この本の性格上、参考文献はいちいち挙げていませんが多くの先学の研究から教えを受けています。改めて感謝いたします。

著書は『真野真の現代文の読む技術・解く技術が面白いほど身につく本』（中経出版）などがあります。

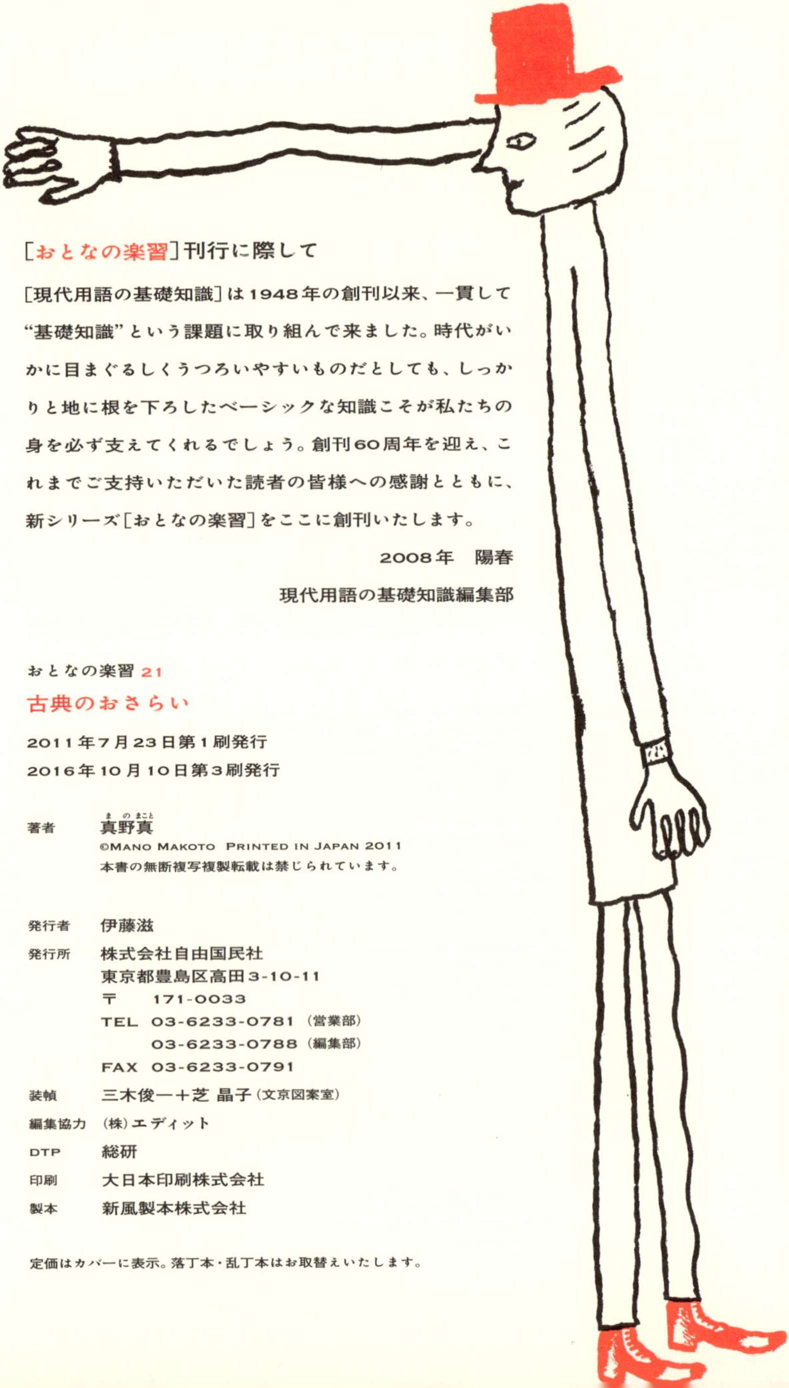

[おとなの楽習]刊行に際して

[現代用語の基礎知識]は1948年の創刊以来、一貫して“基礎知識”という課題に取り組んで来ました。時代がいかに目まぐるしくうつろいやすいものだとしても、しっかりと地に根を下ろしたベーシックな知識こそが私たちの身を必ず支えてくれるでしょう。創刊60周年を迎え、これまでご支持いただいた読者の皆様への感謝とともに、新シリーズ[おとなの楽習]をここに創刊いたします。

2008年　陽春

現代用語の基礎知識編集部

おとなの楽習 21

古典のおさらい

2011年7月23日第1刷発行
2016年10月10日第3刷発行

著者　真《ま》野《の》真《まこと》

発行者　伊藤滋
発行所　株式会社自由国民社
東京都豊島区高田3-10-11
〒　171-0033
TEL　03-6233-0781（営業部）
03-6233-0788（編集部）
FAX　03-6233-0791
装幀　三木俊一＋芝 晶子（文京図案室）
編集協力　（株）エディット
DTP　総研
印刷　大日本印刷株式会社
製本　新風製本株式会社

定価はカバーに表示。落丁本・乱丁本はお取替えいたします。